KB246948

당신이
국가대표
입니다

KBS⊙ 교육을 말합시다

창의적 체험 활동으로
입학사정관제의 과녁을 향해 가는

당신이 국가대표 입니다

KBS 제작부 글 | 백영수 엮음

동화출판사

차례

과감하게 도전하는
'퍼스트 펭귄'들에게 박수를!

이정연 PD(KBS 1라디오 '교육을 말합시다')

21세기를 살아가는 요즘 청소년들의 고민은 무엇일까? 여성가족부와 통계청이 발표한 '2012년 청소년 통계'(조사 시점은 2010년)를 보면, 청소년들이 가장 고민하는 문제는 공부(38.6%)였다. 직업(22.9%)과 외모 및 건강(16.4%)이 그다음이었고, 이성 교제 문제를 가장 고민한다는 청소년은 1.7%에 불과했다. 10년 전인 2002년, 이성 교제가 고민이라는 청소년이 7.8%, 직업이 주요 고민거리라는 청소년이 6.9%에 불과했던 결과에 비하면 많은 변화를 보이고 있다.

학창 시절 공부에 대해 고민하는 것은 당연하다고 생각되지만 직업이 청소년의 고민거리라는 것은 우리의 현실이 반영된 탓일 것이다. 청년실업, 빈부격차 등으로 인한 사회 문제가 심각해지면서 청소년들이 점차 실리적인 문제를 고민하고 있다고 볼 수 있다. 직업에 대해 고민한다는 것은 결국 선택의 문제. 선택의 기로에 서 있기에 고민하는 것이다. 청소년들이 직업을 고민거리로 삼고 있다는 것은 결국 선택의 명확한 기준을 가지고 있지 않기 때문이라고 할 수 있는데, 요즘 중학생들은 미래 직업의 선택 기준으로 자아실현과 사회 기여보다 안정성과 수익성을 가장 중요하게 여기는 것으로 나타났다. 자아실현이나 사회 기여는 교과서에서나 볼 수 있는 직업 선택의 기준일 뿐, 현실은 너무나 다르기 때문이다.

북극 지방에서 무리를 지어 살아가는 펭귄들을 보면 재미있는 사실을 발견할 수 있다. 펭귄들은 뒤뚱뒤뚱 떼를 지어 바다를 향해 모여든다. 그런데 막상 빙산 끝에 다다르면 서로 눈치를 본다. 바닷속에는 맛있는 먹이가 있지만, 바다표범이나 물개 같은 무서운 천적들도 많기 때문이다. 그래서 펭귄들은 과감하게 바다로 뛰어들지 못하고 머뭇거리고 만다. 이때 불확실성으로 가득한 바다를 향해 용감무쌍한 펭귄 한

마리가 첨벙 뛰어들면, 머뭇거리던 다른 펭귄들도 비로소 일제히 따라서 바닷속으로 뛰어든다. 이 최초의 펭귄이야말로 온갖 위험을 무릅쓰고 성공을 향해 나아가는 용감한 도전자라고 할 수 있다. 그래서 영어로 '퍼스트 펭귄(First Penguin)'이라고 하면 '과감하게 도전하는 사람'을 의미한다.

많은 청소년들이 시류를 좇아 안정적이고 수입이 많은 직업을 최고의 선택 기준으로 삼고 있다. 그러나 자신의 흥미와 적성, 행복과 건강을 진로 선택의 중요 가치관으로 꼽고 있는 이들, 즉 같은 시대를 살아가는 청소년들이지만 '퍼스트 펭귄'이라고 할 수 있는 청소년들이 우리곁에는 여전히 많다.

입시 제도를 알아 가기보다 자신을 알아 가고 꿈에 대한 열정을 통해 일찌감치 자신의 꿈을 실현시키고 세상을 향해 당당히 그 꿈을 펼쳐 나가는 멋진 청소년들을 소개하는 '당신이 국가대표입니다'(KBS 제1라디오 〈교육을 말합시다〉 17:10~17:57/ 97.3MHz 수요일 코너)를 통해 만났던 청소년들의 이야기를 모아 보았다.

이 책을 통해 같은 시대, 같은 고민을 하며 살아가는 수많은 청소년들에게 이 멋진 친구들을 소개함으로써 행동하며 실천하는 것이 얼마나 멋진 일인지, 미래와 꿈을 위해 어떤 계획을 세우고 어떻게 실천할 것인지 등 자신의 인생 계획을 세울 수 있는 체계화된 매뉴얼을 제공해 보고자 한다.

그리고 이 책은 입시 제도에도 적용할 수 있도록 구성하였다. '당신이 국가대표입니다' 코너에 소개된 내용을 토대로 고등학교와 대학에 진학하기 위해 중요한 평가요소로 활용되는 창의적 체험 활동이라는 틀에 담아 놓았다.

2009 개정교과에 따라 초등학생에서부터 고등학생까지 비교과 영역인 창의적 체험 활동에 대한 구체적인 활동 사례에 목말라하고 있는 것이 현실이다. 따라서 이 책을 통해 구체적인 체험 활동의 사례를 살펴볼 수 있을 것으로 생각한다.

지면 여건과 담는 틀 때문에 프로그램에 소개된 모든 청소년들을 담지 못한 아쉬움이 있다.

출연을 요청할 때마다 자랑할 것 없다고 손을 내저었지만 그래도 또 다른 도전자들을 위해 출연을 허락해 주고 이렇게 지면으로 소개할 수 있도록 도와주신 대한민국 대표들에게 지면을 빌려 진심으로 감사의 말을 전한다.

선택은 다양하게,
집중은 철두철미하게

백영수(한국학습코칭 진로마스터 코치)

아는 만큼 사랑할 수 있고, 사랑하는 만큼 자신 있게 도전할 수 있다고 한다.

전설적인 홈런왕 베이브 루스는 714개의 홈런을 친 반면 1300개가 넘는, 홈런 수의 거의 2배에 가까운 삼진을 당했다. 만약 베이브 루스가 삼진을 당하지 않기 위해 힘껏 풀스윙을 하지 않았다면, 그래도 그가 위대한 홈런왕이 될 수 있었을까? 발명왕 에디슨은 전구를 발명할 때 무려 2000번에 가까운 시행착오를 겪었다. 이를 두고 에디슨은 "그 과정은 실패가 아니다. 그것은 바로 목표 지점에 도달하기 위해 2000개의 계단을 올라간 것이다"라고 말했다.

청소년들에게 꿈이 무엇이냐고 물으면 "모르겠어요. 내가 뭘 좋아하는지.", "시험 성적 나오는 것 봐서 알아봐야지요." 등등 안타까운 대답을 하는 청소년이 많다.

주체적인 삶을 사는 것이 아니라 꽉 짜인 하루하루의 일과에 지쳐 무엇을 원하는지, 무엇을 하고 싶은지도 모른 채 살아가는 오늘날의 청소년들에게 '꿈을 크게 가져라', '구체적인 미래를 설계하라'는 말이 그들에게 진한 울림으로 다가갈 수 있을까.

하지만 여전히 많은 청소년들이 자신의 미래를 계획하고, 설계하고, 실천하고 있다는 것을 알리고 싶다. 마치 이 시대의 베이브 루스와 에디슨처럼.

이 책은 그저 막연함으로 살아가는 청소년들이 구체적인 삶을 계획할 수 있게 되기를 바라는 마음에서 이해하기 쉽게 엮었다.

이 책의 내용은 모두 4개 장으로 구성하였다.

1장부터 3장까지는 창의적 체험 활동의 틀에 맞춰 진로를 선택할 수 있도록 하였는데, 본래 창의적 체험 활동은 크게 4가지 세부 영역으로 나뉘어 있다. 여기에서도 자율 활동, 동아리 활동, 봉사 활동의 3개 장으로 구성하였다.

소개되는 '대표 청소년들'의 활동은 대부분 진로 활동에 해당하지만 각각의 영역인 자율 활동이나 봉사 활동, 동아리 활동 등을 통해 진로 활동을 펼쳐 나갔다고 볼 수 있다. 따라서 소개되는 그들의 활동 또한 크게 3개 영역으로 나누어 실었다.

그리고 마지막 장인 4장에서는 창의적 체험 활동과 창의적 체험 활동 지원시스템(에듀팟)에 관한 내용을 담았다.

모쪼록 이 책을 통해 많은 청소년들이 새로운 직업의 세계도 알게 되고, 스스로 미래를 개척해 나갔으면 한다. 또한 학부모들이 가지고 있는 자녀의 진로에 대한 불안을 없애고, 보다 구체적이고 필요한 정보를 습득하는 계기가 마련됐으면 하는 바람도 가져본다.

창의적
자율 활동

제1장 끼를 찾아가는 길 : 창의적 자율 활동

창의적 체험활동에서의 자율 활동을 쉽게 설명한다면 학교에서 실시되는 각종 행사 활동이라고 할 수 있다. 자율 활동에 적극적으로 참여하기 위해서는 첫째, 중학교나 고등학교에 입학해서 반이 배정되면 변화된 생활에 적응하며 이를 주도하는 능력을 길러서 원만하고 즐겁게 생활할 수 있어야 한다. 둘째, 학급회의 등의 협의 과정에서 문제를 합리적으로 해결할 수 있는 능력과 민주적인 의사 결정의 기본 원리를 익혀야 한다. 셋째, 학습과 학교에서 일어나는 여러 가지 문제에 대해 적극적으로 참여하고 실천해서 다른 학생들과의 협동심을 기르고 교우관계를 원만하게 해야 한다. 마지막으로, 학교에서나 학교 밖에서 실시되는 여러 행사의 목적을 정확하게 이해하고 행사에 자발적으로 참여하여 학교나 지역사회의 발전을 위해 노력하는 태도를 가져야 한다. 자율 활동에서 강조되는 것은 적극성과 자발성이다. 누가 시키지 않아도 먼저 자신의 역할을 찾아갈 수 있으면 더욱 좋다.

자율 활동의 구체적인 내용에는 적응 활동, 자치 활동, 행사 활동, 창의적 특색 활동 등이 있다. 적응 활동은 각급 학교에 입학하는 것, 학년이 올라가는 것, 또는 전학을 가게 될 때 적응하는 활동이 있고, 예절·질서 등의 기본적인 생활습관 형성 활동을 비롯해 축하, 친목, 사제동행 활동과 학습이나 건강, 성격이나 교우관계 등에 대한 상담 활동이 있다. 자치 활동은 학급에서 자신이 맡게 되는 한 가지 역할과 그에 따른 활동이라고 할 수 있다. 예를 들면 학급의 반장이나 각종 부서 활동에서의 역할과 학급회의 참여나 여러 가지 토론 활동에 참여하는 활동을 말한다. 행사 활동은 입학식·졸업식·종업식·기념식·경축일 등의 참여 활동과 전시회, 발표회, 학예회, 경연대회, 실기대회 등에서의 활동이 있다. 또한 체력장과 체격 및 체질 검사, 체육대회, 안전생활 훈련과 수련회나 현장학습으로 불리는 소풍, 수학여행, 문화재 답사, 국토순례, 해외문화체험 활동 등이 행사 활동에 포함되는 영역이다. 창의적 특색 활동에는 학생별·학급별·학년별·학교별 특색 활동이 있고, 학교의 전통을 세우거나 학교의 전통을 계승하는 활동 등이 포함된다.

지금까지의 자율 활동은 학교 안에서 이루어지는 것에 한정되었다고 할 수 있다. 하지만 2012년부터 주5일제 수업이 시행됨에 따라 부모와 함께하는 진로 캠프, 기업·관공서·병원·공항 등과 연계한 직업 체험 프로그램, 유망 기업 CEO 강연회 등 청소년의 진로 탐색을 위한 프로그램 등이 새롭게 구성되어 일명 가정과 사회가 함께하는 토요 학교가 우리 주변에서 운영되고 있다. 따라서 자신의 진로를 탐색할 수 있는 프로그램을 찾고 그것에 맞추어 자신의 꿈을 키워 나갈 수 있는 활동에 적극 참여하는 것이 좋다.

이 장에서는 스스로 즐겁게 자신의 꿈을 찾아 자신의 길을 개척해 나가고 있는 대한민국 대표 청소년들의 사례를 소개하고 관련된 직업에 대해 알아보고자 한다. 여러분은 아직도 주변을 살피며 머뭇거리는 펭귄인가? 그렇다면 과감하게 몸을 던진 퍼스트 펭귄을 보라. 그리고 그대 또한 또 다른 퍼스트 펭귄이 되어 보자.

미래의 스티븐 스필버그

청소년 영화감독 l 김수랑(계양고등학교)

"선생님! 저는 영화감독이 되고 싶어요."

"이 녀석아, 영화감독이 되고 싶다고? 네가 알고 있는 영화감독이 누구냐?"

"박찬욱 감독이요. 〈공동경비구역 JSA〉 있잖아요?"

"박찬욱 감독? 이 녀석, 영화 좀 아는 모양이네? 근데 박찬욱 감독의 〈JSA〉가 몇 번째 작품인지는 아니?"

"아뇨. 수십 편 만들고 난 후 그렇게 좋은 작품을 만드셨겠죠."

"그렇다면 수십 편 만드는 데 돈은 얼마나 드는지 알아?"

"요즘 영화 한 편 찍는데 수십억쯤 든다니까 엄청 날렸겠네요?"

"수십억은 아니어도 수천만 원이라도 있니?"

"그러니까 학창 시절부터 꿈을 가지고 한번 도전해 보려는 거죠."

"그럼 고등학생이 감독이 된 사례는 있니?"

"그럼요. 벌써 수십 명, 아니 수백 명은 된다구요. 이것 좀 보세요."

1999년 〈상실의 시대〉, 염정원(일산 대진고등학교)

2000년 〈얼어붙은 교실〉, 김길환(동대사대부고)

2012년 〈아기염소를 구해라〉, 류고 나카무라(규요고등학교)

"음, 그렇구나. 우리나라 학생이 아닌 경우도 있구나."

"선생님, 저도 영화감독으로 성공해서 할리우드에 진출하고 싶어요. 한국의 스티븐 스필버그! 폼 나지 않나요?"

"야, 이 녀석아! 지난번엔 팝핀 한다고 야단이더니만 이젠 영화감독이야?"

"팝핀 좋아하다가 영화감독이 된 고등학생도 있더라구요."

"그래? 그럼 영화감독이 된 대한민국 대표선수에 대해 알아볼까?"

벌써 10여 년 전에도 고등학생 때부터 영화감독의 꿈을 안고 영화를 만들었던 사람들이 있다. 사실 지금은 휴대전화만 있어도 영화를 만들 수 있는 시대가 되었다. 1999년 우리나라 학생들을 대상으로 국제청소년영화제를 열었는데, 이제는 37개국 140여 편의 어린이 · 청소년 · 가족·성장 영화가 상영되고 있다.

"초등학교 3학년 때부터 영상물을 만들었어요. 집에 있던 홈 비디오 카메라로 2분짜리, 4분짜리 영화를 찍곤 했죠. 동네 친구들과 카메라맨·배우 등 역할을 나눠 작업했어요. 장르도 호러, 코미디, 드라마, 패러디 등 가리지 않았고요. 초등학교 6학년 때 부모님이 컴퓨터를 사 주셨어요. 이때부터 편집도 하기 시작했죠. 편집을 하니까 완성도 높은 작품이 만들어지더군요. 다른 사람들에게 보여 주고 싶다는 욕심이 생겼어요. 완성된 작품을 들고 동네의 공민관(일본의 주민센터)에 무작정 찾아갔죠. 제가 만든 영화를 상영해 달라고요. 허락받자마자 포스터를 만들고 동네 주민들에게 홍보도 했죠. 첫 상영회 때 100여 명의 동네 주민들이 와 주셨어요. 이런 식으로 최근까지 10여 편을 상영했어요."

제13회 서울국제청소년영화제에 참석한 류고 나카무라(규요고등학교 1학년) 군의 언론 인터뷰 내용이다. 우리나라뿐 아니라 전 세계의 많은 청소년들이 영화감독의 꿈을 꾸고 있다는 것을 알 수 있다.

영화감독의 꿈! 이제 꿈을 현실로 만들 수 있는 현장들을 살펴보자.

먼저 영화감독은 어떤 능력을 가져야 할까?

영화는 종합예술이라고 할 수 있다. 그렇기 때문에 영화감독은 음악, 무용, 문학 등 여러 방면에 대한 관심과 재능이 고루 필요하다. 많은 스태프들을 지휘해야 하니까 통솔력과 리더십도 필요하다. 제10

회 퍼블릭엑세스 시민영상제에서 〈풋! 고추이야기〉로 고등부 작품상을 받은 수랑(계양고등학교)이는 원래 무용을 좋아했고, 영상은 취미였다고 한다. 그렇다 보니 오디션을 봐서 직접 스태프와 배우를 뽑았단다. 일반적으로 알음알음 친구들을 모아 배우와 스태프를 구성하는데 자신의 부족한 부분을 메우기 위해 촬영스태프를 뽑았고, 조연출과 40여 명의 배우를 뽑기 위해 직접 포스터까지도 만들어야 했다. 한 편의 작품을 만들기 위해 40~50명의 스태프와 배우를 통솔하기 위해서는 타고난 리더십이 당연히 필요한 것임을 보여 준다.

초등학생이나 중학생이 영화감독에 관심이 많다면 영화와 관련된 특성화고등학교를 알아보는 방법이 있다. 대표적인 영상 또는 미디어 고등학교에는 서울 영상고등학교, 부산 영상고등학교, 전주 영상미디어고등학교, 이화미디어고등학교 등이 있다. 이미 일반계 고등학교에 다닌다면 어떻게 하면 좋을까? 각 학교에는 방송반이 있게 마련이다. 방송반 활동을 통해 UCC 경연대회를 준비해 보는 것도 좋은 방법 중의 하나이다. 대학교는 중앙대학교, 한양대학교, 동국대학교, 청주대학교, 경성대학교, 서울예술대학 등이 영화 전공에선 이름이 있는 학교라고 할 수 있다.

영화감독이 되기에 적합한 직업 흥미는 예술형과 탐구형이라고 할 수 있다. 영화감독이라고 해서 항상 영화에 관심이 있는 것은 아니다.

수랑이는 주요 관심 영역이 영화라고 말할 순 없고 영상과 춤을 좋아했다. 춤은 힙합이나 팝핀 같은 것을 좋아했는데, 진로에 대해 고민을 하고 나서 영상을 택하게 되었다. 예술적인 면과 다양한 부분에서의 지적 호기심을 가진 사람들이 훌륭한 영화감독이 될 수 있는 잠재능력을 가졌다고 할 수 있다.

영화감독의 꿈을 가진 청소년들이 관심을 가질 수 있는 영화제에는 2012년에 제14회를 맞는 서울국제청소년영화제(http://www.siyff.com)가 있다. 이미 전 세계 40여 개국의 청소년들이 참여하는 영화제이기도 하다. 또한 서울국제청소년영화제는 우리나라 청소년들이 해외로 진출할 수 있는 무대이기도 하다. 서울국제청소년영화제는 국내 청소년들이 제작한 영화의 우수성을 해외에 알리기 위해 매년 영화제에 출품된 청소년 작품들을 해외 영화제에 출품해 왔다. 그 결과 지금까지 50여 편의 작품이 80여 차례 해외 영화제에서 상을 받았거나 초청 상영되었다. 이야말로 진정한 대한민국 대표선수이지 않은가?

서울국제청소년영화제 외에도 맥지청소년사회교육원이 주최하고 한국청소년영상제 조직위원회가 주관하는 한국청소년영상제(KYFF, Korea Youth Film Festival)가 벌써 13회째 열리고 있다. 한국청소년영상제는 '1318의 창, 영상으로 놀자'라는 주제 아래 '영화 키드'들의 톡톡 튀는 감성과 그들의 시각으로 바라본 청소년 문제 등이 다뤄지고, 13회 영상제부터는 UCC 부문을 신설해 일본과 홍콩 등 아시아 지역

청소년들의 작품을 초청해 소통의 창을 넓혀 가고 있다.

그 외에 수량이가 수상한 퍼블릭엑세스 시민영상제도 있다. 이 영상 제의 장르는 어린이·청소년을 포함한 시민이 직접 기획·제작한 드라마, 다큐멘터리, 애니메이션, 실험영화, 기타 동영상 등이며, 주제와 상영시간은 제한이 없다. 평소 UCC에 관심이 있고 영화를 직접 만들고 싶은 학생들은 한 번쯤 도전해 볼 만하다.

"다양하게 시도해 보라고 말하고 싶어요. 저는 시나리오가 당선되기 전에도 방송국에 직접 찾아가서 촬영장과 편집실을 보여 달라고 요청해서 구경하곤 했어요. 그러면서 관계자 분들과 친해지고, 조언도 많이 듣고요. 제가 당선된 시나리오 공모전도 일반인 대상 콘테스트였어요. 원하는 정보를 줄 수 있는 곳이라면 청소년 대상 여부를 가리지 말고 도전해 보세요. 새로운 길이 열릴 거예요."

중학생으로서 영화감독의 꿈을 안고 바다를 건너는 한 소년의 조언이다. 꿈을 이루기 위해 자신만의 보물을 찾아 나서는 〈그대가 진정한 국가대표입니다.〉

자연에 감동 더하기

고교생 자연 다큐멘터리 감독 | 채재강(서울 영상고등학교)

아침 안개가 자욱한 인천 서구의 새벽 6시, 재강이는 서울 양천구에 있는 서울영상고등학교로 향하는 버스에 몸을 실었다. 버스를 두 번 갈아타고 또다시 지하철로 갈아타야 하는 험난한 등굣길이다. 그러나 3년을 한결같이 다녀도 늘 행복하기만 하다. 3년 전 고등학교를 선택할 때 부모님의 반대에도 불구하고 끝까지 설득해서 다니게 된 학교이기에 피곤함을 이길 수 있는 행복을 느끼는 것이다.

재강이는 초등학교 6학년 때 TV의 예능 프로그램을 보다가 그런 프로그램을 만드는 사람들에 대해 생각해 보게 되었다. 직접 몸으로 끼를 발산하는 연예인보다는 연예인이 연기를 할 수 있게 하고 프로그램을 직접 만들 수 있는 PD라는 직업에 필이 꽂혔다. PD가 장래의 꿈이 된 것이다. 꿈을 안고 중학교에 입학하여 방송부에 지원했다. 하지만 경쟁률이 만만치 않았다. 하지만 꿈이 있는 자에게는 불가능이 없는 법이다. 무려 7:1의 경쟁을 뚫고 당당히 방송부에 들어갔다. 기회는 항상 준비하는 사람의 몫이라고 했던가. 방송부 담당 선생님의 실력이 전문가 수준이었다. 기초를 탄탄히 해야 하는 것은 변하지 않는 진리일 것이다. 실력 있는 선생님으로부터 방송에 관한 기초 실력을 다질 수 있었고, 선생님은 존경의 대상이 되었다. 그래서인지 PD의 꿈은 점점 더 굳어져 갔다.

재강이는 초등학교 5학년 때부터 부모님을 따라 환경단체 봉사에 참여해 왔다. 그러던 중 중학교 2학년 때부터 매년 5월이면 몽골에 다녀올 기회가 생겼다. 환경보호와 관련된 봉사 활동이었다. 점점 사막으로 변해 가는 몽골 지역에서 나무를 심는 활동이었다. 중학교 1학년 겨울방학 때 읽은 장 지오노의 《나무를 심는 사람》 생각이 났다. 책으로 쓰지는 못하지만 방송부 활동을 통해 다진 실력을 바탕으로 봉사 활동 과정들을 카메라에 담고 싶었다. 중학교 3학년 때 마음먹었던 것을 행동으로 옮기게 되었다. 2학년 때 몽골에 다녀온 경험을 바탕으로 혼자 다큐멘터리를 기획하고, 직접 촬영을 했다. 처음 해 보는 해외 촬영이라 어려움도 많았다. 가지고 간 카메라가 세관에 걸리기도 했다. 물론 혼자 편집을 해 보니 부족한 점이 한두 가지가 아니었다. 하지만 PD가 되고자 하는 그의 꿈에 그런 장애물쯤 아무런 문제가 되지 않았다. 편집을 마치고 〈몽골의 사막화 방지에 관한 영상〉이라는 제목을 붙여 한 편의 다큐멘터리를 난생처음으로 만들게 되었다.

8분짜리 짧은 다큐멘터리이지만 그 작품을 만들기 위해 80시간은 족히 걸린 것 같았다. 남들 앞에 내보이기에는 부끄러운 작품이었지만 재강이의 꿈과 열정이 담긴 작품이었다. 두근거리는 마음으로 '대한민국청소년영화제'에 개인 자격으로 출품하였다. 450여 편의 중·고등학생들의 작품이 우열을 다투었다. 기초가 탄탄해서였을까, 재강이는 장려상을 수상했고 편집 부문에서는 당당히 1위를 차지했다. 꿈이 구체화되는 순간이었다. 자연 다큐멘터리 감독! 재강이의 새로운 꿈이 싹트고 있었다.

"아버지, 제 꿈은 자연 다큐멘터리 감독이 되는 거예요. 인터넷에서 알아보니까 서울 신정동에 있는 서울 영상고등학교가 제 꿈을 이룰 수 있는 곳인 것 같아요. 그곳으로 가게 해 주세요."

"무슨 소리를 하는 거니? 다큐멘터리 감독이 되는 것은 대학에 진학한 후에 결정해도 늦지 않아. 일단 집 근처에 있는 인문계 고등학교에 입학한 후 열심히 공부하는 것이 우선이야."

"하지만 인문계 고등학교에서는 제가 원하는 대학에 진학하기가 더 어려울 거예요."

"그렇지 않아. 아직 우리나라에서는 그래도 대학이 우선이지 고등학교 때부터 기술을 익히는 것은 위험할 수 있어."

부모님은 좀처럼 허락하시지 않았다. 하지만 영상에 대한 재강의 꿈과 열정은 식힐 수가 없었다. 서울 영상고등학교가 특성화 고등학교이고, 고등학교를 졸업한 선배들의 진로 등을 일일이 검색해 부모님을 설득하였다. 결국 재강은 부모님의 승낙을 얻었고, 지금의 고등학교에 진학하였다. 고등학교에 진학해 여러 가지 기초지식을 배울 수 있었다. 영상 기초, 카메라 기초, 편집 기초, 시나리오 기초 등 영상 일반에 대한 지식을 체계적으로 배워 나갔다. 물론 일반 고등학교에서 배우는 국어나 영어, 수학, 사회와 과학 과목 공부도 게을리하지 않았다. 1학년 수업은 실습 없이 이론만 배워 주로 동아리 활동을 통해 배운 이론을 직접 응용해 볼 수 있었다. 재강이는 개교기념일에 열리는 영상제를 위해 끼를 맘껏 발휘해 보았다. 2학년이 되어 디지털 편집 개론을 비롯해 영상 오디오 캡쳐, 영상구성 실습, 프리미어 실습, 녹음기술 실습, 다큐멘터리 제작의 이해 등은 재강이의 꿈을 마치 손에 잡히는 듯 구체적으로 만들어 주었다.

1학년 4월에는 5명이 한 팀이 되어 제작한 영상이 '양천구장애인 UCC대회'에서 최우수상을 수상했다. 재강이의 열정은 그것에 만족하지 않았다. 다시 찾아온 몽골 방문 기회를 맞아 촬영을 하기로 했다. 지구온난화와 사막화에 관한 정식 다큐멘터리를 만들고 싶었다. 잘 만들어야 한다는 욕심 때문이었을까, 출품은 했지만 입상은 못했다. 욕심 때문에 창의력은 없고 지나치게 프로처럼 만들었다는 혹독한 비평을 받아야 했다.

하지만 '실패는 성공의 어머니'라고 했다. 에디슨은 전구를 만드는데 실패한 것이 아리라 전구를 만들기 위해 2000개의 계단을 올라간 것이라고 하지 않았던가. 재강이는 그 경험을 바탕으로 한 계단 더 올라간 것이다. 학교생활과 동아리 활동에 더욱 열정을 쏟아부었다. 2학년에 올라와서는 동아리 부장이 되었다. 학교 수업은 4시에 끝나지만 동아리 활동을 하다 보면 12시 막차를 타야 하는 경우도 더러 있다. 막차를 타고 집에 도착하면 새벽 2시가 되기도 한다. 동아리 활동을 통해 〈사람들의 돈에 관한 이기심〉이라는 실험 다큐멘터리를 제작하였다. 우선적으로 아이디어를 정하고 주제를 뽑아낸다. 전체적인 줄거리를 만들어 장면별로 시나리오를 작성하고, 촬영장소를 사전답사하고 콘티를 그렸다. 촬영을 하고 편집을 끝내는 데 족히 3개월이 걸렸다. 축제 기간에는 3~4일 동안 집에도 가지 못하고 동아리 방에서 새우잠을 자며 작업을 하기도 했다. 하지만 꿈이 있고 열정이 있기에 다른 생활에도 흐트러짐이 없는 것이다. 걱정 어린 눈으로 바라보시던 부모님은 이제 어깨를 다독여 주시는 응원군이 되었다.

초등학교 6학년 때 꾸었던 막연한 꿈이 재강이의 열정과 만나 현실이 되어가고 있다. 일반계 고등학교 학생들처럼 국어, 영어, 수학에 많은 시간을 투자하지는 않지만 방송영화 제작 실무를 배우고 토익 연습 시간을 가진다. 재강이도 대학 진학을 준비하고 있다. 대학에서 영화나 신문방송을 전공하려고 한다. 결국 자연 다큐멘터리 감독으로 활동하기 위한 또 하나의 과정인 것이다. 〈아마존의 눈물〉과 〈북극의 눈물〉 등과 같이 사람들에게 깊은 메시지를 전달할 수 있는 다큐멘터리를 만들 것이다. 다큐멘터리는 지루하다는 사람들의 일반적인 생각은 재강이에 의해 바뀔 것이다. 누구나 다 갈 수는 없는 곳, 일반인의 눈으로 관찰할 수 없는 것이 다큐멘터리라는 이름으로 많은 사람들에게 생생한 느낌으로 다가가고 감동을 안겨 줄 것이다. 그러기 위해 배워야 할 것도 많다. 고등학교를 졸업하고 대학에 진학하면 가장 먼저 스킨스쿠버 자격증에 도전할 것이다. 수중 생물들의 생생한 느낌을 다큐멘터리로 만들고 싶기 때문이다. 몽골에도 또다시 갈 것이다. 몽골에 가 보지 못한 사람들이 직접 몽골 사막을 느끼며 사막에 한 그루의 나무를 더 심을 수 있는 계기가 될 수 있게 할 것이다.

감동이 느껴지는 자연 다큐멘터리, 드라마나 영화 이상으로 재미가 넘쳐나는 자연 다큐멘터리가 재강이의 열정을 통해 우리 곁으로 다가오고 있다. 〈재새강, 그대가 진정한 국가대표입니다.〉

나는 착한 소비를 실천합니다

공정무역 전문가 | 이은솔(인천 국제고등학교)

"생각지도 못한 상을 받아서 얼떨떨했지만 그동안의 노력을 평가받을 수 있는 기회가 주어진 것 같아 보람되고, 부모님의 마음을 행복하게 해 드릴 수 있다는 것이 가장 기뻤어요." 인천 국제고등학교 3학년에 재학 중인 은솔이는 인천시가 주최한 2011년도 청소년 대상 시상식에서 최고의 영예인 대상을 수상했다.

어릴 때부터 유달리 공부 욕심이 많았던 은솔이는 어려운 여건과 형편 속에서도 사교육 도움 하나 없이 상위 7% 이내의 성적으로 지원할 수 있는 인천 국제고등학교에 입학했고, '전국학생영어토론대회'에서 2등을 수상하기도 했다. 은솔이는 초등학교 시절 아버지와 단둘이 한 달간 미국 여행을 다녀왔다. 어려운 형편임에도 불구하고 은솔이 아버지가 은솔에게 더 넓은 세상을 보여 주기 위해 마련한 이벤트였다.

은솔이 아버지는 목사님이다. 넉넉지 못한 형편이지만 은솔이의 미래를 위한 최대의 투자라고 생각하셨던 것이다. 덕택에 은솔이의 꿈은 평평한 세계를 향하게 되었다. 6년째 부모 없는 가정과 이혼 가정의 자녀들을 돌보고 있는 어머니의 모습을 곁에서 지켜본 은솔에게 봉사는 타고난 기질이 되었고, 힘없고 불쌍한 사람들을 위해 일하는 것이 사명이 되었다.

"사춘기 때는 집에서 늘 아이들이 시끄럽게 떠들고 뛰어다녔어요. 그런 아이들 때문에 공부에 방해가 될 때는 어디론가 도망가고 싶을 때도 있었어요. 하지만 어느 날 다른 곳에 가서 봉사 활동을 하면서 정작 내 도움이 필요한 엄마를 돕지 않는 내 모습을 반성하게 되었어요." 은솔이는 6년간 사랑과 인내로 아이들을 돌보고 계시는 어머니를 가장 존경한다고 고백하기도 했다.

아버지의 투자와 어머니의 봉사는 은솔이의 꿈을 서서히 분명하게 해 주었다.

지난 2011년 3월, 인천광역시 시청 본관에서 열린 공정무역 전시회는 은솔이의 꿈을 향한 열정을 더욱 불태우게 했다. 초등학교 때 초콜릿의 원료가 되는 카카오를 재배하는 농장에서 강제로 노동을 착취당하는 다큐멘터리를 우연히 보게 되었다. 초콜릿의 원료가 되는 카카오는 병충해에 매우 약하기 때문에 대규모로 경작하다가 병충해가 돌면 카카오를 생산하는 농민들은 망하고 만다. 이런 이유로 카카오를 재배하는 농민들이 줄자, 초콜릿 업자들이 어린이들을 납치하다시피 해서 농장에 가둬 두고 일을 시키는 경우가 많았다. 다큐멘터리에 의하면, 서아프리카 지역의 어린이 180만 명이 이런 강제 노동에 동원된다고 했다. 그런 아이들을 위해 할 수 있는 일이 있을 것이라고 생각했다.

인천 국제고등학교에 입학하면서 국제법 시간을 통해 공정무역에 관한 내용을 알게 되었다. 공정무역이란 '착한 소비'라고 알려져 있다. 생산자에게 정당한 원료 값을 지불해 구매하고, 생산 과정에서 아동 노동이나 강제 노동 없이 생산된 제품을 구매하자는 게 기본 개념이다. 공정무역의 개념이 확장되면서 최근에는 세계 무역에서 소외된 저개발 국가와 함께 손잡고 그들이 생산한 물건을 구매해 주고, 그들이 지속적으로 물건을 생산할 수 있게 도와주는 일까지도 함께 진행하고 있다. 은솔이는 공역무역에 대해 좀 더 깊이 있게 알아가고 있고 몸소 실천하고 있다. 지난해 여름방학에는 한 달에 걸쳐 한국공정무역연합에서 주최한 청소년 공정무역 전문가 과정을 이수하기도 했다.

한국공정무역연합에서 주최하는 청소년 공정무역 전문가 과정은 주말이나 방학을 활용해 약 1~2개월 과정으로 열리고 있다. 과정에 참여하면 1~3회에 걸쳐 공정무역에 대한 기본 교육을 받는다. 교육이 끝나면 지도선생님과 함께 팀을 구성해서 2일 이상 토론 활동을 하고, 참여 팀은 공정무역과 관련한 연구를 2주간 준비한다. 준비가 끝나면 참여

팀들이 각각 연구한 내용을 발표하고, 성공적으로 이수할 경우 청소년 공정무역 전문가 자격을 부여해 준다. 미래의 공정무역 전문가의 꿈을 향해 한 걸음 더 다가서게 되는 셈이다.

은솔이의 경우, 자신의 꿈을 이루기 위해 청소년 공정무역 전문가 과정을 수료했지만 간접적으로 대학 진학에도 많은 도움이 되었다. 경제와 무역에 대한 자율적인 활동 기회를 가질 수 있게 되었고, 입학사정관제에서 좋은 경험을 말할 수 있게 되었던 것이다. 또한 공정무역에 관하여 스스로 연구해 보고 고민해 볼 수 있는 직접적 참여기회를 가질 수 있게 되어 많은 도움이 되었다.

은솔이는 공정무역 전문가로서의 활동을 늘 머릿속에 그려 본다. 실제로 카카오 생산지에 가서 생산자를 만나고, 교역하는 일을 하는 자신의 모습을 생각할 때면 가슴이 벅차오른다. 카카오 수입과 초콜릿의 제조, 판매, 유통까지 다양한 업무를 하게 될 것이다. 창고에 잘 보관하고, 온라인이나 대형 마트에 판매하기도 하고, 직영 카페를 열기도 할 것이다. 은솔이가 공정무역 전문가로서 활동을 할 때쯤에는 이미 공정무역에 대해 시민들이 많이 알고 있게 될지도 모른다. 하지만 시민들의 소비에 대한 개념을 바꾸기 위해 각종 캠페인 사업을 벌이는 일에 열정을 쏟을 것이다. 2011년 인천광역시 시청의 공정무역 전시회를 통해 공정무역 전문가의 꿈이 한 소녀의 가슴에 자라났듯이 제2, 제3의 은솔이가 나오는 모습을 보게 된다면 한없이 행복해질 것이다. 국제고등학교 교육 과정을 통해 알게 된 기본적인 지식이 바탕이 되고, 대학에서 배우고 익힌 실무 지식을 바탕으로 공정무역과 관련된 법 개정을 추진하고 정책을 만드는 콘텐츠 사업도 활발하게 진행하게 될 것이다.

아버지의 신앙 교육과 어머니와 함께한 봉사 활동은 은솔이가 공정무역 전문가로 성장할 수 있는 기본적인 소양이 되었다. 공정무역 전문가가 되기 위해서는 정의롭지 못한 것에 대해 살필 줄 아는 선한 감수성과 이를 개선하고자 하는 의지를 갖추어야 한다. 사실 좀 더 살기 좋은 사회로 바꾸는 일은 작은 실천에서 시작될 때가 많다. 공정무역은 자신의 작은 실천이 얼마나 큰 결과를 이끌어 내는지 금방 확인할 수 있어 일하면서 재미를 느끼게 해 준다.

단순히 물질을 지원하는 것을 넘어 스스로 살아갈 수 있는 원천을 제공하는 것이 은솔이의 꿈의 종점이라 할 수 있다. 그 종점을 향해 한 걸음 한 걸음 매순간의 목표를 향해 달려가고 있다. 지금 은솔이는 국제기구 UNDP 인턴사원이라는 목표를 가슴에 안고 있다. UNDP 인턴으로서 기구의 목적인 실무적인 복지사업을 배우고 익히는 것이 공정무역가라는 꿈을 이루기 위해 뛰어넘어야 할 단계라고 생각하기 때문이다. 은솔이는 어려운 환경에서도 역경을 이겨내고 자신의 꿈을 이루어 가는 모습이 높이 평가되어 '2011 대한민국 인재상'을 수상했다.

"제가 선택하고 향해 가는 이 길이 하나님께서 저에게 예비하시고 원하시는 길이 될 수 있도록 쉬지 않고 기도하며 나아갈 거예요." 은솔이의 자신감 넘치는 목소리이다. 먼 훗날 세계의 기아와 빈곤해결을 위해 발돋움하는 그 자리에 당당히 서 있을 이은솔! 〈그대가 진정한 국가대표입니다.〉

사람을 돕는 로봇을 만들다

로봇 발명가 | 황휘(고려대학교 기계공학과)

유치원도 다니기 전인 다섯 살 때 황휘는 컴퓨터 프로그램인 '도스'를 처음 만났다. 윈도우 95가 나오기 직전이었다. 도스는 다섯 살짜리가 실제로 사용하기에는 무리가 있었지만, 다섯 살 아이의 호기심을 불러일으키기에는 충분했다. 황휘는 그때부터 컴퓨터나 기계 등에 관심을 가지기 시작했다. 그 후 여섯 살 때부터 컴퓨터에 관련된 자격증을 따기 위해 열심히 준비했다. 일곱 살 때 처음으로 워드프로세서 3급 자격증을 딴 것을 시작으로, 초등학교에 다니는 동안 총 7개의 자격증을 딸 정도로 컴퓨터에 빠져들었다.

그러다가 초등학교 4학년 때 처음으로 로봇을 접하게 되었다. 처음에는 기본적인 '라인 트레이서' 등을 배우면서 로봇에 대한 흥미를 쌓아

가기 시작했다. 약 반 년 동안 학원에 다니면서 학원 커리큘럼에 따라 로봇을 만들었고, 이 경험을 토대로 직접 로봇을 제작하기 시작했다.

그때 소년 황휘가 만든 로봇은 미로를 헤쳐 나가는 로봇과 물에 떠다 닐 수 있는 로봇 등이었다. 혼자서는 아무것도 아닌 각각의 부품들을 모아 연결해 놓으면 스스로 움직이는 것을 보면서 제일 뿌듯했다. 실 제로 청계천에 직접 가서 부품을 사 와서 조립하는 과정에서, 각각의 부품들은 하잘것없지만 하나라도 부족하면 로봇은 제대로 작동하지 않 았다. 또한 로봇의 몸체가 완벽하게 완성되었어도 프로그래밍이 제대 로 되어 있지 않으면 제대로 작동하지 않았다.

이처럼 작은 부품들이 모여 하나의 커다란 로봇이 되고 또 그에 맞는 프로그램이 들어갈 때 비로소 로봇이 제대로 된 역할을 한다. 로봇의 몸체를 만들고 프로그래밍 해 가면서 스스로 문제점을 발견하고 고치 는 과정과 그러한 노력의 결과물인 로봇이 잘 작동될 때의 기분이란 이 루 말할 수 없이 좋았고, 이를 계기로 로봇에 빠지게 되었다.

로봇 만드는 방법을 일 년 정도 배운 뒤에 로봇올림피아드라는 대회 가 있다는 것을 알게 되었다. 같은 학교에 다니는 두 살 아래 여동생 권 이와 함께 로봇올림피아드에 출전했다. 서울 영도초등학교 5학년 때의 일이다. 다른 경기 분야보다 로봇을 직접 만든다는 창작 부문에 처음부 터 관심을 가졌고, '로봇@Space'라는 주제에 'Space Detector'라는 우 주탐사 로봇을 가지고 첫 대회에 나가게 되었다.

당시 휘가 만든 로봇은 좌우 두 부분으로 나누어 둘을 축으로 연결한 것이었다. 좌우 각 몸체가 따로 돌아가게 했고, 바퀴를 위아래에 달아 어떠한 상황에서도 헤쳐 나갈 수 있게 만들었다. 달이나 우주의 어느 별에서도 장애물을 통과할 수 있으며, 넘어지더라도 아무런 문제없이 다시 앞으로 갈 수 있게 만든 로봇이었다.

로봇 제작 과정은 주제 정하기→자료 조사→설계→세부부품 구입→조립(형태 구현–시행착오 많음)→형태 완성→프로그래밍→완성 후 구동 대략 이런 순서대로 진행되었다. 동생 권이와 함께 약 2~3개월 동안 하루 3~4시간씩 작업하여 대회를 준비하였다. 준비 과정에서 실수로 프로그램을 다 지워 버린 적도 있었다. 심지어는 대회 바로 전날 마지막 조립 후 해체하는 과정에서 회로를 전부 태워 버려 밤을 새워 다시 제작을 해야 하는 일도 있었다. 처음 나간 한국대회였다. 하지만 경험 부족으로 시연 도중 배터리가 모두 소모되어 제대로 시연을 해 보이지도 못했다. 그 대회에서는 '백혈병 어린이 로봇왕'으로 화제를 모았던 서울 영본초등학교 6학년 정원국과 5학년인 다솜 남매로 구성된 '원솜' 팀에 아깝게 뒤져 2위에 머물렀었다. 그러나 실패한 경험을 바탕으로 여러 가지를 보완한 덕에 세계대회에서 대상을 받는 쾌거를 이루었다. 지난 국내 대회에서 1등을 차지한 '원솜' 팀은 2위를 차지하였다.

대회 참가 과정에서 힘든 일도 많이 겪었다. 하지만 원래 컴퓨터 등의 기계를 좋아했고 결과적으로 대회에서 좋은 성적을 거두어 더욱더 로봇이나 기계 등에 관심을 가지고 좋아하게 되었다. 로봇 발명가의 꿈을 가슴에 품고 미래를 향해 나아가는 계기가 된 것이다. 황휘는 대회를 마치고 가진 인터뷰에서 "10년 안에 세계 최고 로봇 공학도가 되는 게 꿈"이라고 포부를 밝혔었다. 10년이 채 지나지 않았지만 휘는 고려대학교 기계공학과에 입학해 로봇 공학도가 되었다. 세계 최고를 향해 달려가고 있는 것이다.

세계대회에서 우승한 뒤 캐나다로 영어 유학을 다녀왔다. 그 뒤에는 한동안 컴퓨터 프로그래밍을 공부하였다. 로봇 제작에도 프로그래밍이 필요했기 때문에 금세 흥미를 가지고 열중했다. 먼저 배우기 시작한 친구들을 곧 따라잡게 되었다. 원래 로봇에서 프로그래밍을 배웠기 때문에 기본적인 부분은 금방 익혔다. 하지만 로봇 프로그래밍 할 때의 습관 때문에 많은 고생을 하기도 하였다.

그 후 정보올림피아드에도 나갔는데, 처음 나간 정보올림피아드의 지역대회에서 은상을 받았다. 금상 이상을 받은 사람들에게만 전국대회 출전자격을 부여했기 때문에 아쉽게도 전국대회에는 참여하지 못했다. 하지만 이 과정을 통해 여러 언어를 접하면서 더욱더 프로그래밍 실력이 늘었고, 후에 다시 로봇대회에 참여했을 때 많은 도움을 받게 되었다.

그 후 중학교 때 학교 친구와 함께 두 번째로 로봇올림피아드에 출전하게 되었다. 이번에는 온도가 높은 곳을 우선 순으로 탐색하는 방식을 통해 잔불을 찾아 끄는 로봇을 만들었다. 한마디로 소방수 로봇인 셈이었다. 두 번째 대회에서도 전국대회에서는 은상에 머물렀고, 또 반대로 세계대회에선 대상을 수상했다. 두 번 대회에 나가서 좋은 상을 받아 왔지만 국내대회에서 대상을 받지 못한 점이 유일하게 아쉬웠다. 고등학생이 된 휘는 잠시 로봇에 대한 열정을 접어 두고 공부에 집중하였다. 하지만 한 번 더 기회가 생겨 이번 제12회 로봇올림피아드에 참가하게 되었고, 전국대회에서는 처음으로 대상을 받았다.

국내대회에서 두 번이나 2위에 그쳤지만 세계대회에서 대상을 받을 수 있었던 것은 아마 어릴 때부터 배운 바둑 덕택이다. 바둑에서 익힌 복기 기술 때문이다. 전체 과정을 복기하는 과정을 통해 부족한 부분을 발견하고 더욱 발전시킬 수 있는 계기를 만들었다. 에디슨이 과학을 배웠다면 아마도 2000번의 실패를 거치지 않아도 되었을 것이다.

여섯 살 무렵이었다. 다니던 피아노학원 건너편에 '바둑'이라는 간판이 눈에 띄었다. 호기심에 피아노 교습을 마친 후 바둑교실로 찾아가 봤는데, 언뜻 보아도 또래인 아이들이 열심히 '돌멩이 놓기 놀이'를 하고 있었다. 어린 눈에 굉장히 재미있어 보였다. 그래서 집으로 돌아오자마자 "바둑 배우고 싶어요!"라며 부모님을 조르기 시작했다.

다행히 부모님은 교육에 관심이 많으셔서 바둑교실에 다닐 수 있도록 해 주셨다. 또 계속 흥미를 가지고 바둑에 집중하자 아예 잘 가르치는 바둑 교사를 수소문해 개인지도를 받게 해 주셨다.

초등학교에 입학하고 나서도 적은 시간이지만 꾸준히 바둑을 배웠다. 바둑이 너무 재미있게 느껴지자 어느 순간 고민이 되었다. 그때나 지금이나 바둑과 로봇에 관심이 많은데 둘 다 너무 재미있어서 꿈과 미래를 놓고 어느 것을 선택할 것인지 고민이 되었다.

그래서 휘는 어머니에게 폭탄선언(!)을 하게 된다.

"어머니, 저는 바둑과 로봇 둘 다 너무 좋아하는데, 둘 중 하나를 제 꿈으로 정해서 정진하고 싶어요. 그런데 너무 어려운 문제라 당장은 말씀드릴 수가 없고, 한 달 뒤에 말씀드릴게요."

20년의 인생 여정에서 가장 어려웠던 고민이라면 아마도 그 당시의 고민이었으리라. 휘는 한 달 동안 열심히 고민한 끝에 바둑은 취미로도 계속 즐길 수 있다고 판단하고 어머니께 이렇게 말씀드렸다.

"로봇을 제 진로로 선택할게요. 대신 바둑도 너무 재미있어서 계속 배우고 싶으니 아마 5단이 될 때까지 배울 수 있도록 해 주세요."

평생 잊을 수 없는 한 달이었다.

조금은 아쉬웠다. 그러나 계속해서 바둑을 배울 수 있고, 로봇 역시 너무나 좋아하는 분야여서 조금이나마 위안을 얻을 수 있었다. 초등학교 3학년 때 어학연수도 일 년 다녀왔지만, 다녀온 후에도 바둑은 계속 배웠다. 꿈을 로봇 쪽으로 정한 것뿐이지, 바둑을 좋아하는 마음에는 변함이 없었다.

세 번째로 출전했던 2011년에 열린 제12회 국제로봇올림피아드 한

국대회의 주제는 수자원 관련 로봇이었다. 주제가 수자원인 만큼 제일 먼저 떠올랐던 로봇은 수질을 정화하는 로봇이었다. 하지만 수질정화 로봇은 너무 많은 학생들이 생각할 것 같아서 그 밖에 여러 가지를 검색 하던 도중에, 에스파냐의 한 대학에서 녹조를 재활용 에너지로 활용하 는 법을 발견했다는 글을 읽게 되었다. 그 글을 보고 수질정화 로봇 중 에서도 녹조를 제거하면서 제거한 녹조를 다시 활용할 수 있도록 저장 하는 로봇을 떠올렸다. 여러 가지 형태를 생각하던 중 최종적으로 나온 형태가 거미 모양의 로봇이다.

물을 정화시키는 로봇이다 보니 물을 끌어올리는 부분이 있어야 했 고, 다리의 형태에 대해 여러 가지 고민을 하게 되었다. 처음에는 제일 안정적이라고 하는 삼각형 형태의 다리를 구상했으나, 물 위라는 문제 점 때문에 너무 흔들림이 많았다. 그로 인해 5개의 다리를 선택하여 균 형도 맞추면서 충분한 양의 물을 끌어올릴 수 있도록 했다. 총 5개의 다 리 중에서 3개의 다리는 물을 끌어올리는 데 사용하고, 2개의 다리는 좌우 회전 및 전진에 사용하도록 했다. 각 다리에는 2개의 유량 모터가 달려 있다. 물을 빨아올려 내보내는 모터이다.

처음에는 회전과 물을 끌어올리는 용도로 각 다리마다 1개의 유량 모터를 사용했지만, 방수가 완벽하지 않은 점 때문에 물이 점점 새어 들어왔다. 물이 들어오니 무게가 무거워져서 가라앉는 문제가 발생하 였다. 이 문제를 해결하기 위해 각 다리에 2개씩의 유량 모터를 사용하였다. 1개의 모터는 새어 들어온 물을 다시 내보내는 용도로 사용했다. 좌우 회전과 전진은 모터보트처럼 양쪽 옆에 있는 유량 모터를 사용했다. 오른쪽만을 분사시킬 경우 좌회전이, 왼쪽 모터만을 분사시킬 경우 우회전이 되고, 양쪽을 같이 분사시키면 전진하게 되었다. 로봇의 형태가 원형이기에 단 하나의 추진 모터만으로 완벽히 좌우 회전이 가능하게 되었다.

3개의 다리에서 물을 끌어올리는 관은 아크릴과 PVC를 연결한 것이다. 시중에서 판매되는 아크릴관은 직선형이어서 제작할 때 휘어 보기도 하고 직각으로 만들어 보기도 했지만, 강도가 너무 약해져서 실패하였다. 그 후 현재의 형태처럼 아크릴을 각각 일정한 길이로 자른 뒤에 PVC관으로 사이사이를 연결하는 방법을 택해 다리 부분을 만들었다. 그 다리를 통해 끌어올린 물을 중앙 부분으로 모은다. 모아진 물은 직접 제작한 필터를 통해 1차로 녹조를 걸러 낸다. 여기서 걸러진 녹조는 서브 모터에 의해 옆에 있는 통에 모아지고, 그 통에서 자동차 전조등 등에 쓰이는 열을 많이 발산하는 할로겐 등에 의해서 재활용이 가능하도록 말려진다.

1차로 걸러진 물은 본체 아래쪽의 산소 발생에서 용존산소량을 높이는 과정을 거친다. 물속 생물이 살아가기 위해 제일 필요한 것이 산소이다. 유기물 등의 오염물을 분해하는 데에도 산소가 사용되기 때문에 용존산소량은 수질을 측정하는 데 가장 중요한 수치 중 하나다. 이를 높이기 위해 산소발생기로 직접 물속에 산소를 넣는 방식을 선택하였다. 그다음 2차로 정수기 필터를 사용하여 세부적인 이물질을 걸러내 준다.

마지막으로 물을 다시 바닷물로 내보내는 것으로 정수 과정이 완료된다. 이 과정에서도 유량 모터를 사용하는데, 실제로 모터 하나로 이 로봇 전체를 회전시킬 수 있을 만큼 강력한 힘을 가지고 있다. 이 점을 활용하여 물을 바다로 다시 내보낼 때 발전기를 통해 전기를 발생시켰다. 물레방아와 같은 원리를 이용하여 발생시킨 전기는 배터리로 다시 충전되게 된다. 동시에 이 로봇의 주요 활동 무대가 바다이므로 태양열 발전을 통하여 배터리를 충전하는 방법을 병행한다. 실제로 바다에 내보낼 경우 배터리 교체는 매우 중요한 문제가 되기 때문에 이 두 가지 에너지 재활용 방식을 통해 다른 로봇에 비해 훨씬 더 친환경적이고도 오랫동안 사람의 인위적인 조작 없이 사용할 수 있다.

거미로봇을 만들면서 제일 힘들었던 점은 역시 주재료가 아크릴이라는 것이었다. 아크릴은 가볍다는 점에서 물에 띄워 사용하기에는 좋지만 강도가 다른 재료에 비해 약했다. 드릴 등 도구를 잘못 사용하거나 할 경우 쉽게 부러지거나 깨지는 성향이 있다. 특히 반원 모양의 아크릴은 중앙으로 갈수록 두께가 얇아지는 문제점이 있다. 이 때문에 다리 부분에 반구 모양의 아크릴 10개를 사용했는데 이 과정에서 그 두 배가 넘는 아크릴을 깨먹어 다시 만드는 과정을 거치기도 하였다. 앞에서도 언급했지만 다리 제작도 어려웠다.

시장에서 판매되는 아크릴 봉은 길이가 약 2미터이다. 이를 구부릴 수 있는 방법은 처음부터 공장에서 대량으로 구부려진 상태로 만드는 방법과 직접 토치를 사용해 아크릴을 약하게 한 뒤 구부리는 방법이다. 전자의 방법은 학생 신분에서 쓸 수 없었기에 어쩔 수 없이 토치로 직접 휘어야 했다. 하지만 약간이라도 불을 세게 가할 경우 아크릴 자체에 거품이 생기면서 강도가 급격히 약화되는 문제가 생겼고, 그런 점을 주의해서 하더라도 5개의 다리를 고르게 만들 수 있는 방법이 없었다. 또한 한 부분에 거품이 생기는 것을 각오하고 직각으로도 휘어 보았지만 결과적으로 특정 부분에 너무 많은 힘이 몰리게 되어 약간의 힘만 주어도 부러지는 문제점이 발생하였다.

다른 학생들 대부분은 프로파일이라는 알루미늄으로 로봇을 만들었다. 편하게 가공할 수 있는 재료를 사용한 뒤 물에 띄우기 위해 스티로폼 등으로 보완한 점과 다르게 아크릴 자체로 로봇을 띄운 점이 결과적으로 대회에서 큰 점수를 받았다고 생각했다. 하지만 그 과정에 어려운 점이 너무 많았다. 어려웠지만 포기하지 않았기 때문에 성공할 수 있었다. 로봇을 만들면서 한 번도 쉽다는 생각을 해 본 적이 없다. 실패할 경우 복기하면 된다는 생각이 있기에 늘 끝까지 간다.

휘는 현재 고려대학교 기계공학과에서 로봇 공학자의 길을 걷고 있다. 성균관대학교에도 합격했지만 고려대학교에 입학할 결심을 하게 된 이유 중 하나가 바둑이다. 특기자 전형으로 고려대학교에 면접을 보러 갔는데, 면접 장소 부근에 '고대바둑사랑'이라는 바둑동아리에 꽂혀 버렸다. 자신의 꿈을 향해 나아가면서 취미 활동에도 열중한다.

"로봇은 크게 설계, 회로, 제어 이렇게 세 분야로 나뉘어요. 저는 이 세 분야 모두에서 뛰어난 사람이 되고 싶어요. 로봇 시장은 계속 커지고 있는데, 이 분야에서 선구자 역할을 할 수 있는 인재가 되고 싶은 욕심도 있고요. 제 꿈을 향해 달려가되, 저의 영원한 벗 바둑도 취미로 즐길 거예요."

로봇을 배우고 있는 제2, 제3의 황휘를 위해 진심어린 조언을 아끼지 않는다.

"일단 만들어 보아야 한다고 생각해요. 창작의 경우 절대로 비슷한 로봇이 나올 수가 없어요. 재료에서부터 형태까지 모든 것을 자신이 직접 구상하고 제작해야 하기 때문이죠. 물론 다른 정형화된 로봇을 만들 때보다 훨씬 오랜 시간과 많은 노력이 필요할 거예요. 하지만 완성하고 났을 때 그 뿌듯함과 로봇이 제대로 작동될 때의 감동은 정형화된 로봇 제작과는 견줄 수 없다고 자신합니다. 일단 스스로 만들어 보세요."

행동하는 퍼스트 펭귄! 로봇을 발명하는 퍼스트 펭귄, 황휘! 〈그대가 진정한 국가대표입니다.〉

나는 날마다 발명한다

고교생 발명가 | 한원흠(서울 하나고등학교)

- ▶ 진공청소기 흡입구 그물 구조
- ▶ 직립와립 모양가위
- ▶ 졸음 방지용 안경
- ▶ 측면에서도 볼 수 있는 보행자 신호등과 제작 방법
- ▶ 색맹을 위한 운전자 신호등
- ▶ 외장형 카메라 및 이와 결합되는 카메라폰
- ▶ 카메라 시야 확장형 카메라폰
- ▶ 순서 파일
- ▶ 원흠이 가위
- ▶ 운반과 개폐가 편리한 컴퓨터 케이스
- ▶ 안전하고 휴대하기 편한 컴퍼스
- ▶ 비축 모양 우산
- ▶ 선풍기 모자
- ▶ 웰빙 모자
- ▶ 투명한 단열 비닐창이 있는 족집게 아이스크림 포장봉투
- ▶ 물비누(왁스)가 나오는 다용도 전동솔과 구현 방법

　　원흠이는 발명 분야 인재다. 지금까지 출원한 특허만 27건에 이른다. 이 중 17건이 정식 지식재산권으로 등록되었다. 발명 관련 공적을

인정받아 특허청장과 지식경제부장관 표창도 받았다. 국내의 크고 작은 학회에 기재한 연구논문과 보고서도 7건에 이른다. 각종 과학과 발명에 관련된 전국 시·도교육청대회에서 16차례 수상했고, 교내대회에서도 11차례 수상했다.

초등학교 4학년 때 엄마가 운동화를 빠는 모습을 보고 개발한 다용도 '전동솔'이 첫 발명품이다. 이 발명품은 '물비누(왁스)가 나오는 다용도 전동솔과 구현 방법'이라는 명칭으로 2007년 특허청에 정식 특허로 등록되었다. 이 밖에도 '선풍기 모자', '카메라 시야 확장형 카메라폰' 등 다양한 아이디어가 정식 특허로 등록되었다.

원흠이가 이렇게 많은 발명품을 만들 수 있었던 직접적인 계기는 벨과 그레이의 이야기를 알고 나서였다. 발명에 관한 이야기가 아니라 시간의 중요성에 관한 이야기였다. 29세의 그레이엄 벨이 자석식 전화기의 원리를 발명하여 특허청을 찾아가 등록을 마치고 나온 날은 1876년 2월 14일이었다. 그런데 특허를 막 마치고 나오면서 어떤 한 사람과 마주쳤다. 일라이셔 그레이라는 사람이 전화기의 원리를 발명하여 특허등록을 하려고 오는 길이었다.

벨의 전화기는 얇은 가죽을 진동시키는 원리였는데, 그레이의 전화기는 얇은 금속을 진동시켜 소리를 전달하는 원리여서 소리가 훨씬 잘 전달되는 우수한 기술이었다. 무명인 벨과는 달리 당시 전신 분야에서 최고 전문가로 인정받던 41세의 그레이였지만, 단 30분 차이로 최초의 발명가 자리를 놓친 것이었다.

그 뒤로 그레이는 벨이 자신의 기술을 도용했기 때문에 자신에게 특허권이 있다며 법정에 소송을 제기했다. 12년이나 법정공방이 계속되었지만 결국 그레이는 패소하고 말았다. 단 30분 빨리 특허등록을 한 '벨'은 바로 '벨'이라는 전화회사를 설립했고, 지금까지도 미국에 '벨'회사가 존재한다. 하지만 그레이에 대해 알고 있는 사람은 많지 않다. 단 30분 늦은 그레이는 12년 법정공방으로 재산을 다 날리고 말았던 것이다.

30분의 시간 차이를 중요하게 이야기하는 일화였지만 원흠에게는 특허의 중요성을 알게 해 준 이야기였다. 아무리 좋은 아이디어로 새로운 물건을 발명했다 할지라도 법적인 소유권을 갖지 못하면 결국 다른 사람에게 빼앗기게 된다는 사실을 알게 된 것이다. 그 후로 원흠이는 새로운 아이디어가 떠오르면 먼저 기록하는 습관을 가지게 되었다. 물론 발명품이 나오는 즉시 특허를 신청했다.

원흠이처럼 훌륭한 발명가가 되기 위해서는 어떤 습관이 필요할까? 원흠이가 말하는 발명 습관은 의외로 간단했다. 먼저 자신과 주변 사람들의 생활에서 불편하거나 좀 더 개선할 수 있는 것이 있는지를 살펴보는 일이다. 초등학교 4학년 때 '물비누(왁스)가 나오는 다용도 전동솔'을 개발한 것이 좋은 예이다. 쓰고 버린 칫솔을 이용해서 운동화를 빨고 계시는 엄마를 보고 있던 원흠이의 눈에 칫솔이 들어왔다. 반복해서 비누를 발라 문지르는 것을 어떻게 하면 편리하게 바꿀 수 있을까 하는 생각을 하였다. 고속도로 휴게소 화장실에서 처음 물비누를 보았을 때 몇 번이나 눌러 보았던 기억이 떠올랐다. '그래, 칫솔 속에 물비누를 넣을 수 있는 방법을 찾으면 번번이 비누를 바르지 않아도 되겠다'는 생각이 떠올랐다. 그러다 보니 또 반복해서 칫솔로 문지르는 동작이 눈에 들어왔다. 칫솔을 보니 자연스럽게 전동칫솔이 떠오른 것이다. 그래서 결국 전동칫솔의 원리와 물비누를 결합한 다용도 전동솔을 발명하게 된 것이다. 게으른 사람과 불평불만이 많은 사람이 훌륭한 발명가가 된다는 우스갯소리도 있지 않은가? 불편한 것이 무엇인지를 아는 것에서 한 발짝만 더 내딛으면 결국 발명을 하게 되는 것이다.

새로운 아이디어가 떠오르면 일단 기록하는 것이 중요하다. 머릿속에는 늘 새로운 생각이 떠오른다. 좋은 생각도 떠오르고 필요 없는 잡념도 떠오른다. 새로운 생각은 언제 사라져 버릴지 알 수 없다. 그렇기 때문에 생각이 떠오르는 즉시 기록하거나 그림으로 그려 놓는 것이 좋다.

유명한 산업디자이너 김영세가 쓴 《12억짜리 냅킨 한 장》이라는 책도 있다. 그는 아이디어가 떠오를 때 적어 놓았던 냅킨이 보물이라고 말한다. 마땅한 종이가 없어 냅킨에 대충 적어 놓았던 아이디어가 엄청난 성공을 가져다 준 경험이 있기 때문이다. 비행기 안에서 떠오른 생각을 적어 둘 곳을 찾지 못하던 순간 냅킨을 발견하고 자신의 생각을 그려 놓았다는 것이다. 그것이 훗날 12억 원의 가치를 만들어 낸 아이디어였던 것이다. 발명도 마찬가지다.

생각이 생각으로만 그치면 아무런 가치를 만들어 내지 못한다. 생각이 현실이 되는 것은 기록하고 그려 내는 것에서 비로소 시작되는 것이다. 따라서 훌륭한 발명가가 되기 위해서는 떠오르는 생각을 기록하는 습관이 필요하다. 원흠이의 몸에는 항상 어떤 생각이 떠오르는 즉시 기록할 수 있는 필기구가 따라 다닌다.

발명은 없는 것을 만드는 것이 아니라 이미 있는 것에서 더하기 빼기를 잘하는 것이다. 원흠이의 또 다른 좋은 발명 습관을 낳게 하는 생각이다. 지우개 달린 연필, 냉동 겸용 냉장고, 보온 겸용 밥통, 시계 겸용 라디오, 카메라가 내장된 휴대전화 등은 모두 더하기를 잘한 발명품들이다. 원흠이가 발명한 '다기능 각도기'가 좋은 예이다. 아주 단순한 더하기 기술이다. 기존에 있는 자와 양각기를 더하여 만든 발명품이다. 발명은 인간의 생활을 좀 더 편리하게 하기 위한 생각에서 출발한다. 세상엔 새로운 것이 없다. 단지 발견하지 못할 뿐이고 그것을 더하거나 빼지 못해 여전히 불편하게 느끼고 있는 것이다.

원흠이는 끊임없이 발명에 몰두한다. 원흠이가 발명에 몰두할 수 있는 이유 중의 하나가 바로 발명대회이다. 초등학교 때 처음 발명을 하게 된 계기는 발명대회에 참가하는 친구가 부러웠기 때문이다. 결국 발명대회에 나가기 위해 소재를 찾던 중 엄마가 운동화를 빠는 모습에서 아이디어를 얻게 된 것이다. 자신이 만든 발명품을 가지고 나간 대회에서 입상을 하면서 점점 열정이 생기는 것을 느꼈다. 결국 초등학교 시절부터 과학상자 만들기 대회에 꾸준히 참여하면서 실력을 키워 온 것이다. 이렇게 노력한 결과 전국대회에도 나가게 되고, 발명교실에서 과학교구를 가지고 놀면서 과학에 대한 흥미도 가지게 되었다. 발명에 대한 흥미를 느끼고 발명 과정을 즐긴 결과 이렇게 많은 발명품을 만들 수 있게 된 것이다. 작은 성취는 새로운 도전을 낳는다. 학교에서 매년 열리는 발명품대회가 지역에서의 대회에 나갈 수 있게 하고, 지역대회에 참가해야 전국대회에 나갈 수 있는 기회도 생기는 것이다. 한 번에 세계를 깜짝 놀라게 하는 발명품을 만들려고 하기보다는 작은 대회부터 찾아보는 것이 발명가가 되기 위한 좋은 기회가 된다.

원흠이의 강점은 한 분야를 새로운 분야와 연계해 학습하는 능력이다. 학문에도 더하기를 잘하는 것이다. 요즘 원흠이의 새로운 관심사는 공학과 물리이다. 중학교 때 참가한 50여 개의 발명대회에서 공학과 물리의 쓰임새를 알게 된 뒤 이 분야를 공부하는 데 재미가 붙었다. 이 때문에 고등학교 진학 뒤에는 공학대회와 물리토너먼트에 참가해 경험을 쌓고 있다. 2011년 2월 참가한 한국청소년물리토너먼트(KYPT)에서는 몇 주 동안 잠을 설치면서 연구하기도 했다. 그는 과학자이자 발명가가 되기 위해 발명과 물리, 공학은 필수적으로 익혀야 할 학문이라고 생각한다. 원흠이의 꿈은 지금껏 획득한 특허를 이용해 회사를 설립하는 것이다. 자신의 발명품을 바탕으로 사회적으로 약자에 속한 사람들이 모여서 일할 수 있고 그들의 노력으로 세상 사람들의 생활이 좀 더 편리하고 안전할 수 있기를 바라는 것이다.

지금까지 발명한 많은 발명품 중에서 원흠이가 가장 소중하게 여기는 것이 있다. 바로 '색맹을 위한 운전자 신호등'이다. 제22회 대한민국학생발명전시회에서 금상에 해당하는 지식경제부장관상을 수상했다. 서울 이수중학교에 다닐 때 출품한 발명품이다. 기존의 신호등은 색깔만 있는 원형 표시방식이라 적록색맹자는 신호등을 구별할 수 없어서 운전면허도 허가하지 않고 있다. 그래서 원흠이는 화살표 또는 X에 기존 신호등의 색깔을 표시함과 동시에 기존의 색깔 표시 방식을 추가한 색깔기호 겸용 방식을 써서 적록색맹자도 정지와 진행 신호를 구분할 수 있게 신호등을 만들었다. 색약이라는 신체적 약점을 지녀서 커서도 운전을 할 수 없다는 친구의 말에 고안하게 된 발명품이다. 아직 실용화되지는 않았지만 소수의 사회적 약자에게도 충분한 예산을 투자할 수 있는 복지국가가 된다면 원흠이의 '색맹을 위한 운전자 신호등'은 주변의 도로에서 발견하게 될 것이다.

원흠이는 고등학교에 입학한 뒤 각종 발명대회와 과학경시대회를 휩쓰는 재능을 눈여겨보신 선생님께서 추천서를 써 주셔서 2011년 대한민국 인재상을 수상하게 되었다. 원흠이는 분명 대한민국의 인재를 넘어 세계의 인재로 발돋움할 것이다. 세계적인 물리학자이자 발명가의 꿈을 안고 세상의 문명의 장을 열러가는 한원흠! 〈그대가 진정한 국가대표입니다.〉

건강하고 싶으면 헌혈하세요!

헌혈 왕자 | 전종욱(서울공업고등학교)

"짠~ 이게 뭐게?"

고등학교 1학년인 형이 학교에서 돌아오자마자 학생증과 비슷한 조그마한 종이를 흔들어 보이며 신이 나 있었다.

"뭐야, 형?"

"들어나 봤니? 헌혈증서라고."

"헌혈증서? 그럼 형이 헌혈을 했단 말이야?"

"그래. 나 오늘 난생처음으로 헌혈을 했지."

"겁나지 않았어? 난 주사 맞는 게 제일 무서운데."

"나도 처음엔 무척 망설였어. 학교에 헌혈차가 왔어. 우리 반에서 헌혈을 할 수 있는 애들이 많지 않더라고. 그런데 난 모든 조건을 다 갖추었더라고.”

“헌혈하는 데도 조건이 있어?”

“그럼. 일단 나이가 만 16세 이상 되어야 한다는 거야.”

“뭐라고, 만 16세? 그럼 난 헌혈을 하고 싶어도 할 수 없다는 얘기 잖아?”

“물론이지. 넌 지금 중학교 2학년이니까 적어도 고등학교 1학년이 돼야 가능하겠네.”

“그리고 또 어떤 조건이 있어?”

“나이가 되더라도 몸무게가 되지 않으면 헌혈을 할 수 없어. 여자는 45킬로그램, 남자는 50킬로그램 이상이어야 일단 통과할 수 있어.”

“튼튼하고 건강하지 않으면 헌혈도 할 수 없다는 거지?”

“맞아. 일단 나이와 몸무게가 통과되면 간단하게 혈압 검사와 빈혈 검사를 해.”

“헌혈하면 쓰러지는 경우도 있다던데?”

“나도 처음에는 헌혈이 건강에 해롭지 않을까 궁금했어. 그런데 헌혈을 하기 전에 헌혈 행사를 하러 온 간호사 누나의 이야기를 들어 보니까 그렇지 않더라고. 헌혈은 몸속의 피 가운데 여유분을 나눠 주는 것이래. 우리 몸에서 혈액이 차지하는 비중은 남자의 경우 체중의 8%, 여자는 7% 정도란다. 체중이 60킬로그램인 남자라면 4800㎖, 50킬로 그램인 여자는 3500㎖ 정도의 피를 갖고 있는 거지. 이 중에서 15%는 비상시를 대비한 여유분이야. 그러니 건강한 사람은 헌혈을 해도 아무 문제가 없다고 했어. 헌혈 후 며칠 동안 음식과 수분을 섭취하면 금방 원래의 양으로 보충되고 완전히 회복된다고 했어."

"그럼 지금 바로 맛있는 것을 먹어야겠네?"

"이미 먹었어."

"이미 먹었다고?"

"그래. 헌혈을 하고 나서 오렌지 주스 한 병과 빵 한 개를 주시길래 먹었지."

"오렌지 주스와 빵도 줘?"

"응."

"헌혈을 하면 건강에 왜 좋은 거야?"

"적당한 헌혈은 건강에도 도움을 줄 수 있대. 핀란드의 한 연구진이 조사한 결과를 보면, 헌혈 경험이 있는 사람이 그렇지 않은 사람에 비해 심장마비에 걸릴 확률이 80%나 낮대. 몸속에 철분이 너무 많이 저장되어 있을 경우 심장마비 위험이 높아지는데, 헌혈을 하면 철분 저장량이 줄어들기 때문이래."

"그렇구나. 한 번에 얼마나 뽑는데?"

"헌혈량은 헌혈의 종류에 따라 달라. 피를 그대로 다 뽑는 것을 전혈헌혈이라 하고, 혈장 성분헌혈과 혈소판 성분헌혈로 나눌 수 있는 성분헌혈이 있어. 우리가 흔히 하는 헌혈은 전혈헌혈인 거지. 전혈헌혈은

320㎖를 뽑거나 400㎖를 뽑는 경우가 있어. 오늘 형이 한 헌혈은 전혈 헌혈이고, 320㎖를 뽑은 거야."

"그럼 얼마나 지나면 또 피를 뽑을 수 있는 거야?"

"전혈헌혈은 두 달에 한 번 정도 할 수 있대."

"헌혈 한 번 하고 나니까 헌혈 박사가 됐네."

"처음엔 무척 무서웠는데 하고 나니까 기분이 좋아졌어. 벌써 위급한 한 사람의 생명을 구한 기분이야."

"나도 빨리 한번 해 보고 싶다."

2009년 4월 3일은 종욱이가 처음으로 헌혈을 한 날이다. 생일이 지난 지 채 나흘이 되지 않았지만 벌써 몇 년째 기다려 온 날이었다. 첫 헌혈을 하고 난 후 2년 2개월 만에 32차례의 헌혈을 했다. 종욱이는 왕자, '헌혈 왕자'다. 친구들이 놀리듯 부르는 그의 별명이다. 헌혈을 할 수 있는 만 16세부터 헌혈 종류에 따라 제한되는 주기를 고려하면 최대한 많이 한 셈이다. 대한적십자사 혈액관리본부에 등록되어 있는 고교생 헌혈자 가운데 최다 기록이다.

첫 번째로 헌혈을 한 그날은 별 생각 없이 집에 돌아왔다. 그런데 며칠 후 우편으로 배달된 검사결과 통보지의 다음 헌혈 가능 날짜를 보자 '또 가야겠다'는 생각이 들었다. 그렇게 시작한 게 32번째 헌혈을 한 것이다. 이제 종욱이는 헌혈 카페의 간호사 누나와 반갑게 인사를 나누는 사이가 되었다. 남들은 10분씩 걸리는 '헌혈기록카드'를 1분이면 채운다. 헌혈대에 누워 차례를 기다리는 것도 편안한 휴식 시간일 뿐이다. 간호사 누나가 "그래도 주사바늘 꽂을 땐 약간 따끔할걸" 하자 종욱이는 "하나도 안 아파요"라며 혀를 쏙 내민다. 그렇게 누워 TV를 보다 보면 순식간에 헌혈은 끝난다.

친구들은 그런 종욱이를 보고 미쳤다고 한다. 귀찮게 그걸 왜 하냐고 묻는다.

"잠깐 따끔하고 한 시간만 누워 있으면 남을 도울 수 있어."

"아무리 남을 돕는 일이라고 해도 무섭잖아."

"따끔한 것은 1초도 되지 않아. 그리고 한 시간 정도 누워서 TV를 보기도 하지만 가끔 나의 피가 구할 생명에 대해 생각을 하곤 해. 나에게는 남아도는 피지만 응급 환자에게는 생명이 되는 거야."

"그래도 쉽지 않을 것 같아."

"물론 처음엔 많이 망설여지는 게 사실이야. 그런데 헌혈을 마치고 받는 기념품이나 헌혈 증서를 보면 또 하고 싶은 마음이 생겨."

종욱이는 어느새 헌혈전도사가 되었다. 종욱의 열렬한 '전도'에 넘어가 헌혈대에 누운 친구가 10명이 넘는다. 아픈 것이 싫다는 이유로 거절하는 친구들은 어쩔 수 없다 해도 헌혈에 대해 좋지 않은 인식을 가진 친구들을 보면 답답하기만 했다. 헌혈에 대해 오해하는 사람들이 많다. 종욱이 어머니도 종욱이가 헌혈을 너무 자주 해서 건강을 해치지는 않을까 걱정하신다. 그럴 때마다 종욱이는 전혀 그렇지 않다고, 예전에 간호사 누나가 이야기했던 내용을 열심히 설명한다.

종욱이는 '헌혈유공장 은장'도 수상하였다. 대한적십자사에서는 30회 이상 헌혈한 사람에게는 은장을, 50회 이상은 금장을 수여한다. 지금 종욱이 가지고 있는 헌혈증서는 12장이다. 얼마 전 선생님 친구 분이 아프다고 해서 6장을 드리는 등 주변에 필요한 사람들이 있을 때마다 나눠 주고 남은 것이다.

종욱이는 헌혈을 할 수 있는 기간이 되면 헌혈 카페를 찾는다. 학교로 찾아오는 헌혈 버스는 일 년에 한 번 정도 볼 수 있다. 길거리에서 우연히 만난 간호사의 반강제적인 권유에 따라 헌혈 버스로 올라가 헌혈을 하는 경우도 있었을 것이다. 이제는 고급스런 분위기의 카페에서 연인과 데이트를 즐기면서 자발적으로 헌혈하는 시대가 되었다. 그래서 종욱이도 학교 근처의 헌혈 카페에서 헌혈을 한다.

계단을 지나 헌혈 카페의 문을 열고 들어서면 왼쪽으로는 교실 반정도 크기의 카페가 있다고, 오른쪽으로는 그만한 크기의 채혈실이 있다. 두 공간은 투명한 유리벽으로 나뉘어 있고, 자유롭게 왕래할 수 있는 통로도 있다.

왼쪽의 카페에는 대형 벽걸이 TV와 컴퓨터, 잡지책 등이 비치되어 있다. 인터넷 이용 요금은 없다. 인스턴트커피와 뜨거운 물도 제공돼 원하면 언제든지 돈을 내지 않고 커피를 즐길 수 있다. '공짜 카페'인 셈이다. 카페에서 커피를 마시다가 마음이 내키면 헌혈기록카드를 작성하고 간단한 검사를 거쳐 채혈실로 가 헌혈을 하면 된다. 카페의 오픈 시간은 오전 10시부터 오후 8시까지다. 그래서 종욱이는 학교를 마치고 집으로 돌아가는 길에 틈틈이 카페에 들른다. 헌혈을 하지 않아도 음료수를 마시며 책을 볼 수 있어서 자주 이용한다. 친구와 집으로 돌아가는 길에 헌혈에 대해 이야기하기보다는 다른 이야기를 하러 들렀다가 친구에게 헌혈을 권한 경우도 더러 있다. 서울에는 10여 개의 헌혈 카페가 있다.

종욱이는 대학생이 되어서도 헌혈 카페를 찾는다. 친구들과 어울려 카페에서 이야기를 나눈다. 친구들 중에는 카페를 찾아 헌혈을 하고 싶지만 뜻을 이루지 못하는 경우도 있다. 건강상태가 좋지 않기 때문이다. 우연히 알게 된 사실 덕택에 큰 병이 될 수 있는 것을 미리 예방할 수 있는 좋은 기회가 되었다고 친구와 부모님으로부터 칭찬(?)을 듣기도 했다. 카페는 처음엔 한가하기만 했는데 요즘은 앉을 자리가 없는 날도 있다. 길거리에서 억지로 끌려가듯 해서 헌혈을 하면 왠지 손해를 봤다고 생각할지도 모른다. 하지만 자신의 의지에 의해 헌혈 카페를 찾아 피를 나누고자 하는 사람들을 볼 때마다 봉사의 진정한 의미를 느끼게 된다. 헌혈 카페에 앉아 친구들과 웃음꽃을 피우는 헌혈 왕자 전종욱! 〈그대가 진정한 국가대표입니다.〉

희망아, 내 소원을 들어줘!

꿈과 희망의 전도사 | 남성현(인천 상정고등학교)

빨강색 크레파스로 그려진 오각형의 집, 천장은 다 그려지지 않고 도화지 밖으로 나가 있다. 빨강색 테두리 안에는 5명의 식구가 식탁에 둘러앉아 있다. 커다란 식탁 위에는 소박한 반찬 몇 가지가 놓여 있고, 둘러앉은 가족들의 얼굴엔 웃음이 넘쳐흐른다. 엄마와 아빠, 3명의 형제가 둘러앉아 밥을 먹는 평범한 그림이다. 하지만 그림 밑에 씌어진 몇 줄의 글이 마음을 움직이게 한다.

'나의 소원은 가족과 함께 살며 같이 밥을 먹는 것입니다.

그래서 집에서 가족과 한집에서 밥 먹는 모습을 그렸습니다.

저는 커서 돈을 많이 벌어 집을 사서 가족과 함께 살겠습니다.

열두 살 기범이의 그림이다. 삐뚤지만 또박또박 적힌 글씨 아래에
또 다른 글도 적혀 있다.

'가족과 함께 밥을 먹는 것과 가족과 함께 사는 것이 소원인
우리 기범이……
기범이의 소원대로 꼭! 꼭! 이루어졌으면 좋겠다.
아니, 꼭 이루어질 거라고 믿는다.
기범아! 힘내고 기범이가 커서 집도 사고 그러려면
건강해야 하니까 밥도 잘 먹고, 씩씩하게……
알았지? 아자아자 파이팅!'

열두 살 기범이에게 열일곱 살 성현이가 응원의 메시지를 보내는 글
이다.

《희망아, 내 소원을 들어줘》라는 책에는 27명의 꿈과 바람이 담겨
있다.

인천시 부평구의 해피홈 보육원!

두 살부터 고3까지 70명의 아이들이 모여 살고 있다. 말로 표현하
기도 어려운, 버려진 아이들이다. 모든 아이들이 부모의 보살핌을 받
으며 행복하게 살기를 바란다. 하지만 현실은 꼭 그렇지만은 않다. 성
현이가 중학교 3학년 때 어머니와 함께 찾은 해피홈에는 70여 명의 아

이들이 있었다. 정부의 지원 없이 순수 후원자들의 도움으로 10년 넘게 운영되는 곳이었다. 이름은 들어 봤지만 방문한 것은 처음이었다. 성현이의 집에서 그리 멀지 않은 곳에 있었다. 하지만 이름과는 너무나 다른 세상이었다.

이 세상에서 버림받았다는 사실, 갈 곳이 없다는 사실만큼 불행하고 가슴 아픈 일은 없을 것이다. 엄마가, 아빠가 너무 보고 싶어서 자다가도 엄마아빠를 부르며 우는 꼬마들도 있다. 이야기만 들어도 눈에 눈물이 고여 드는 것을 참을 수 없었다. 세상 누구에게도 심지어 부모에게도 사랑받지 못해 그 허기진 마음으로 어찌할 바 모르는 꼬마들을 보았을 때 몽둥이로 맞은 듯이 가슴이 아프다는 걸 알게 되었다. 하지만 그 아이들 앞에서 가슴이 아프다고 말할 수도 없었다.

처음에는 어머니를 도와 허드렛일을 했다. 지나가는 또래의 아이들을 볼 때면 똑바로 쳐다볼 수가 없어 고개를 숙여야 했다. 어느 누구도 서로에게 정을 주지 못하는 느낌이었다. 철없는 어린아이들만 시간이 지남에 따라 다가올 뿐이었다. 계속해서 만날 수 있는 기회를 갖기 위해 성현이는 아이들의 공부를 도와주게 되었다.

자주 아이들과 만나 공부하고 생활하면서 아이들의 가슴속에 큰 상처가 있는 것을 느꼈다. 아물지 않는 상처, 잊혀진 듯하면 또다시 아파 오는 상처가 있었다. 처음에는 다른 봉사자들과 같은 봉사자로 여기던 아이들이 점점 형이나 오빠라고 부르기 시작했다. 상처가 있다는 것을 느끼게 된 것은 바로 형이나 오빠라는 말 때문이었다. 웬만하면 한두 번만 만나도 쉽게 형이나 오빠라는 말이 나올 텐데 그 아이들은 몇 달이 지나도 쉽게 정을 주지 않았던 것이다. 한참이 지나고 안 사실이지만, 아이들은 부모들과 연락조차 하지 못하고 있었다. 부모님과 사는 것이 소원인 아이들을 보면서 부모가 없어서 만나지 못하는 아이들보다 더 깊은 상처를 가지고 있다는 것을 느꼈다. 부모가 없는 아이들이 딱지가 떨어져 나간 흉터를 가지고 있다면 버림받은 아이는 여전히 아물지 않은 상처를 가지고 있는 것이다.

아이들의 상처가 느껴지자 그 상처를 완전히 아물게 할 수는 없지만 단단한 딱지라도 앉게 해 주고 싶었다. "기쁨은 나누면 두 배가 되고, 슬픔은 나누면 반으로 줄어든다"는 사실을 몸소 가르쳐 주셨던 어머니 말씀을 아이들에게도 가르쳐 주고 싶었다. 하지만 결코 쉬운 일은 아니었다. 왜냐하면 그곳의 아이들은 사랑을 제대로 받아 본 적이 없기 때문에 서로에게 도움을 주는 것에 익숙하지 않았기 때문이다. 과자 한 조각이라도 나눌 수 없는 상처가 그들의 가슴속에 깊이 자리 잡고 있었다.

2년이 지니고 나서야 겨우 아이들의 그 상처를 느낄 수 있었다. 어떤 방법으로든 돕고 싶었다. 그들도 누군가에게 도움이 될 수 있다는 사실을 알려 주고 싶었다. 그래서 아이들에게 평소에 관심을 가지고 있던 아프리카 아이들의 모습을 보여 주고 알려 주기 시작했다. 먹을 것이 없어서 배가 볼록한 아이들의 모습, 얼굴에 파리 떼가 새까맣게 내려앉은 아이들의 모습 등을 본 그곳의 아이들의 입에서 불쌍하다는 말이 흘러나왔다. 자신들보다 더 불쌍한 아이들이 있다는 사실은 안 아이들은 자주 아프리카 아이들에 대해 이야기해 달라고 했다. 그래서 학교 동아리에서 활동했던 모자 뜨기 캠페인 활동에 대해 알려 주고 같이 활동하자는 제안을 하였다.

그즈음 성현이는 인천광역시 교육청에서 주최한 '봉사 활동 체험수기' 공모전에 당선되어 약간의 상금을 받았다. 그 상금과 그동안 모은 저금통을 털어 신생아 살리기 모자 키트를 샀다. 해피홈 아이들에게 모자키트를 주었다. 저체온증으로 죽어가는 아프리카 아이들을 위해 모자를 직접 뜨자는 이야기에 아이들은 눈을 반짝이며 달려들었다. 그때 모자 뜨는 시범을 보는 아이들의 눈동자와 침 넘어가는 소리를 성현이는 영원히 잊을 수 없다. 서툰 솜씨를 보며 아이들은 깔깔거렸고, 서로 자기가 해 보겠다며 난리를 떨었다.

아이들은 금세 모자 뜨기를 배웠다. 성현이보다 훨씬 훌륭한 솜씨를 자랑했다. 완성된 모자를 손에 씌워 보며 감탄하는 아이들의 모습에서 다른 사람을 돕는 행복을 느낄 수 있었다.

그 일이 있은 후 아이들의 마음이 열리고 있다는 것을 느낄 수 있었다. "형!"이나 "오빠!"라고 부르는 그들의 목소리가 정겹게 느껴졌기 때문이다. 마음의 문이 열리자 그들의 입이 열리기 시작했다. 그들의 열린 입에서는 그들의 소망이 흘러나왔다. 꿈이 있었다. '해피홈'은 이름만 해피홈이 아니었다. 그들의 꿈과 행복이 그 안에서 싹트고 있었기 때문이다. 그들의 꿈과 소망을 듣는 순간 성현이의 가슴은 말로 표현할 수 없이 쿵쾅거렸다. 그들의 가슴속 깊숙이 숨겨 두었던 꿈이 밖으로 나온 것이기 때문이다. 이제 그 꿈을 이룰 수 있는 가능성이 생긴 것이다.

아이들의 입에서 흘러나온 꿈과 소망을 그냥 허공에 날려 보내고 싶지 않았다. 아이들의 꿈과 소망을 그림으로 그릴 수 있도록 하고 싶었다. 수학 문제를 풀어야 하는 시간에 그림을 그리자는 성현이의 제안을 듣고 아이들은 마냥 신이 나서 자신의 꿈을 그림으로 그렸다. 꿈은 세상을 바꾸고 한 사람을 바꾼다. 아이들은 자신의 꿈이 마치 현실이 된 것처럼 그림으로 그렸다. 그림 솜씨가 있는 아이는 쉽게 그릴 수 있지만 솜씨가 없는 아이는 머릿속의 그림을 도화지로 옮기는 데 어려움을 겪기도 하였다. 하지만 꿈과 희망을 그리는 데 게으름을 피우는 아이는 아무도 없었다.

아이들은 그림을 그리고 그 밑에다 간단한 소망을 적었다. 성현이가 힐 수 있는 일이 하나 더 생겼다. 아이들의 소망에 응원을 보낼 수 있었다. 묻는 아이들에게는 대답을 던져 주었고, 간절히 소망하는 아이들에게는 믿음을 심어 주었다. 그렇게 모인 그림이 100편이 넘었다. 아이들의 꿈과 소망이 담긴 그림과 성현이의 바람이 마침내 책으로 나왔다.

4년간의 시간을 남들은 보육원 아이들과 함께 보낸 봉사의 시간이라고 말한다. 봉사는 가지고 있는 것을 나누는 것이다. 성현이는 4년의 기간을 봉사의 시간이라고 생각하지 않는다. 아이들의 꿈을 자신의 가슴속에 담을 수 있었던 행복을 나눈 시간이라고 한다. 행복은 바이러스라고 하듯이 그들의 행복이 성현이에게로 온 것이다.

"이 책은 그냥 책이 아닙니다. 아이들의 소중한 꿈과 미래와 소원이 담긴 책입니다. 저는 이 책의 수익금 모두를 해피홈 아이들과 어려운 아이들을 돌보는 단체에 전액 기부하려고 합니다. 구입해 주신 이 한 권의 책이 아이들의 소원을 이루는 희망의 첫걸음이 되었으면 참 좋겠습니다."

《희망아, 내 소원을 들어줘》라는 성현이의 책 뒷표지에 실린 글이다. 상처 입은 아이들에게 꿈과 소망을 담아 주고, 그 꿈과 소망에 바람을 달아 준 남성현! 〈그대가 진정한 국가대표입니다.〉

넌 게임을 즐기니?
난 게임을 개발해

초등학생 프로그래머 I 조성우(인천 옥련초등학교)

"성우야! 오늘 게임은 다 했니?"

회사에서 돌아오신 엄마는 성우를 보자마자 물으셨다.

"그게…… 아직 못했어요."

"뭐라고? 뭐했는데 아직 게임도 못했어?"

"학교 갔다 와서 학원 갔고요. 학원 갔다 오자마자 간식 먹고 학원 숙제 하느라 시간이 없었어요."

"엄마가 뭐랬어. 항상 게임 먼저 하라고 했지?"

"알았어요. 지금부터 할게요."

"그래, 지금부터라도 게임을 해."

감히 상상할 수 있는 이야기일까? 하지만 초등학교 6학년인 성우네

집에서는 흔히 있는 일이다. 여러분의 엄마도 성우 엄마처럼 변했으면 하는 생각이 있는가? 아마 곧 여러분의 엄마도 그렇게 될 것이다.

오락실에 가면 스트레스 해소용 두더지 게임이라는 것이 있다. 머리를 쑥쑥 내미는 두더지를 망치로 두드리는 간단한 게임이다. 이와 같은 원리로 구구단은 물론 덧셈, 곱셈을 익힐 수 있는 프로그램이 있다. 이일은 이, 이이는 사, 이삼은 육, 이사팔, 이오십…… 이제껏 많은 사람들이 무의식적으로 구구단을 외웠다. 대부분 2단부터 9단까지 순서대로 읽고, 암기하기를 무한반복했을 것이다. 덕분에 시간이 흐르면 손만 툭 쳐도 구구단이 술술 흘러나오는 경지(?)에 이르게 되었다.

지금부터는 구구단을 억지로 외우지 않아도 된다. 그냥 두더지 게임을 즐기듯이 즐기면 된다. 다음의 게임 매뉴얼을 읽어 보자.

'뿅망치로 해당 숫자 위의 두더지를 두드리세요. 선택한 답이 정답이면 웃는 두더지가, 오답이면 우는 두더지가 등장합니다. 마지막 강적인 마왕 두더지는 오답이면 웃고, 정답이면 웁니다.(얄미워!) 맞히면 5점, 틀리면 10점이 내려가고 문제가 끝나면 최종 점수를 확인할 수 있어요.'

정말 간단하다. 무조건 외우는 것보다는 문제를 보고 생각하며 풀어가는 과정에서 자연스럽게 구구단과 덧셈, 뺄셈을 익힐 수 있으니 부작용도 없다. 게다가 외국어 버전도 있어서 각 숫자에 해당하는 영어, 일본어, 중국어도 더불어 배울 수 있다. 두더지 게임을 응용해 쉽고 재미

있게 수학과 친해질 수 있는 이 프로그램은 옥련초등학교 6학년 조성우 군의 아이디어로 만들어졌다. '제28회 한국정보올림피아드 공모대회'에서 초등부 대상을 수상한 작품이다.

"난 수학 때문에 미칠 지경이야. 아무리 읽어 봐도 어떻게 풀어야 할지 모르겠어."

학교를 마치고 집으로 돌아오는 길에 친구가 투덜거렸다.

"그래도 넌 게임은 잘하잖아. 난 게임이 잘 안 돼."

"야~, 게임과 공부는 완전히 달라. 일단 게임은 시작하는 순간 아무것도 생각이 나지 않아. 분명히 좀 전에 시작했다고 생각했는데 얼마 지나지 않아 한 시간이 금방 지나가 버린단 말야. 난 성우 네가 데리러 오지 않으면 학원 가는 걸 잊어버리잖아?"

친구와 이야기를 나누며 돌아오는데 문방구 앞에서 두더지 게임을 하는 친구들이 두더지를 정신없이 두들기는 것을 보았다. "아앗!" "야, 임마!" "메롱!" 두드릴 때마다 두더지 기계에서는 재미있는 소리가 터져 나왔다. 몇 번만 두들기면 스트레스가 확 달아날 것 같았다. 순간 두더지 게임의 원리를 수학을 배우는 데 사용할 방법이 없는지를 생각하게 되었다.

가방을 내려놓자마자 성우는 연습장에다 두더지 게임의 모양을 그려 보았다. 각각의 두더지 머리 위에 숫자를 그려 넣고 한쪽에는 구구단을 적어 넣었다. 구구단의 수식이 번쩍이면 해당 숫자가 적힌 두더지의 머리를 두들기면 되는 것이다. 흘러나오는 소리는 자신의 목소리가 나오게 하였다. 그림을 그리고 그림을 유추해서 상상을 하는 동안 시간이 어떻게 흘러갔는지 알 수 없었다. 두더지 머리에 쓰인 숫자는 한국어, 영어, 중국어, 일본어로도 말해지도록 하였다. 일석사조로 수학도 배우고, 3개 외국어도 즐겁게 배울 수 있도록 한 것이다.

성우는 개발한 게임을 '매스 스터디(Math_Study)'라고 이름 붙였다. 매스 스터디는 숫자를 나타내는 외국어(영어 · 일본어 · 중국어) 단어의 의미를 맞히는 프로그램이 되었다. 수학과 외국어를 동시에 배울 수 있다는 장점이 있다. 단어를 클릭하면 발음을 들을 수 있는 기능도 지원된다. 예컨대 영어 'ten'을 클릭하면 발음이 들리고, 빈칸에 숫자 10을 입력하면 게임 상대인 두더지가 울면서 맞혔다는 의미를 표시한다. 만약 숫자 9를 입력하면 두더지가 웃는다. 1에서 100까지 외국어 숫자를 공부하고 평가할 수 있도록 돼 있다.

성우가 개발한 프로그램으로 친구들은 수학을 즐긴다. 게임이 폭력의 원인이 된다고 한다. 또 게임 때문에 청소년 문제가 발생한다고 한다. 맞는 말이다. 그러나 무조건 맞는 말은 아니다. 인간이 태어나 처음으로 하는 놀이는 엄마와 아기가 눈을 맞출 때 아기가 웃음을 짓는 그 순간이다. 엄마는 아기를 보며 웃으면서 이런저런 말을 한다. 아기도 엄마에게 그에 맞춰 응답하듯 옹알이를 하는 순간 게임, 즉 놀이가 시작된다. 그 좋은 놀이가 컴퓨터 속으로 들어가면서 게임이 되고 해롭게 된다는 것이다. 단순히 즐기고 빠져드는 것이 아니라 게임을 통해 두뇌 계발을 하고, 영어나 수학을 공부할 수 있게 된다는 게임은 유용한 도구가 될 수 있다.

인간은 평생에 걸쳐 놀이를 하도록 설계되었다고 한다. 하지만 현재는 게임은 단순히 나쁜 것으로만 간주되고 있다. 그렇다면 정말 인간은 평생 게임과 싸우며 살아야 하는가? 최근 우리나라에는 인터넷 통행금지로 불리는 셧다운제가 시행되었다. 게임 중독에 빠진 아이들을 보호하겠다는 것이다. 하지만 성우가 만든 게임처럼 수학 공부를 싫어하는 친구들에게 도움이 된다면 밤늦도록 게임을 하라고 할 것이다.

21세기의 학습은 학교 밖에서 많이 이루어지고 있다. 옛날의 학습 방법을 고수하는 학교는 변화하는 첨단화 시대에 적응하지 못하고 있다. 휴대전화와 테블릿PC, 소셜네트워크로 소통하는 최첨단화된 아이들에게 불편한 책상에 앉아 끊임없이 반복적으로 외우기만을 강조하고 있다. 이제 학교는 21세기의 학습 방법으로 새롭게 바뀌어야 할 때이다.

인간은 연습을 통해 학습한다. 전문가가 되기 위해서는 한 분야에서 10년 이상 종사해야 한다. 이런 세월을 연습만을 통해 학습한다면 매우 지루한 일이다. 동기가 부여되면, 혹은 적절한 보상이 있으면 학습은 더 빨리 가능해지지 않을까?

아이들은 포켓몬 이름과 특수능력을 외우고 싶어서 영어를 배운다.

게임에서 치트키를 빨리 입력하기 위해 영어 문장을 외운다. 그들은 심지어 몇 백 개가 되는 포켓몬의 이름과 능력을 외우고 다닌다. 처음에는 그 뜻을 이해하기 위해 부모님이나 어른들에게 도움을 청하다가 이내 스스로 배우게 되고 혼자 몰입해 공부해서 알아낸다.

공부에 게임을 입히면 된다. 성적을 올리기 위해 공부하는 것이 아니라 레벨업 하기 위해 공부를 하면 된다. 수업에 열심히 참여하면 점수를 주는 것보다 수업을 듣는 레벨을 올려 주면 어떨까? 수많은 성우가 나오면 가능해질 것이다. 행정안전부가 주최하고 한국정보화진흥원이 주관하는 한국올림피아공모대회에는 성우와 같은 생각을 가지고 전국에서 모인 학생이 170여 명이나 된다. 전국대회에 170여 명이 참가했으니 각 지역대회에 참여한 숫자를 합치면 훨씬 더 많은 학생들이 있다는 것이다. 많은 초등학생이 게임을 응용해 공부와 학습에 도움이 되는 프로그램을 개발하는 데 힘쓰고 있다.

성우는 과학과 컴퓨터 분야에 관심이 많다. 나중에 과학자나 프로그래머가 되어 IT기술과 과학을 함께 발전시키고 싶어 한다. 다음 공모 때는 더 재미있는 학습 프로그램을 만들어 보겠다는 각오를 자신 있게 외치는 조성우! 〈그대가 진정한 국가대표입니다.〉

공짜 '규혁롬'을 아시나요?

스마트폰 최적화 프로그램 개발자 I 이규혁(한양대학교 소프트웨어학과)

스티브 잡스! 애플의 창업주이자 세계 IT산업의 상징인 사람이다. 이미 이 세상 사람은 아니지만 전 세계 청소년들이 제2의 스티브 잡스가 되기를 꿈꾸며 살아가고 있다. 2011년 7월 5일은 규혁에게 제2의 스티브 잡스라는 별명이 붙기도 했고, 국내 포털 사이트 검색어 순위 1위를 차지한 날이기도 하다. 동계 올림픽에서 아깝게 메달을 놓친 스피드 스케이팅 선수를 말하는 것이 아니다. 고등학교 3학년 이규혁 학생을 말하는 것이다.

인터넷 카페, 포털 사이트, 블로그 사이트 등을 중심으로 고등학생이 만든 스마트폰 최적화 프로그램이 돌풍을 일으키고 있다. 일명 '규혁롬'이다. 평범한 고등학생이 개발한 스마트폰 최적화 프로그램으로 치부하기에는 너무 큰 변화를 가져왔다. 그래서 블로그나 카페 게시판에는 칭찬의 글이 넘쳐났다.

규혁은 어려서부터 컴퓨터에 관심을 가지고 있었다. 처음 개인용 컴퓨터를 접하게 되자 리눅스 등 각종 운영 소프트웨어를 직접 설치하는 방법을 터득하기도 하였다. 그는 도서관에서 컴퓨터와 관련된 서적을 닥치는 대로 읽어 나갔다. 책을 읽고 나서는 컴퓨터를 분석하였다.

본격적으로 초등학교 2학년 때 전설적인 해커 케빈 미트닉에게 빠지게 된다. 케빈 미트닉의 책을 읽으면서 프로그래머의 꿈을 실현해 나가기 시작했다. 당시 삼성전자에서 출시한 '블랙잭'이라는 스마트폰을 가지고 실제 컴퓨터 속도와 비교해 보았다. 스마트폰이 너무 느려 실망에 빠졌다. 중고로 산 스마트폰이긴 했지만 스마트폰의 불편함을 스스로 해결해 보고자 소프트웨어 개발에 뛰어들었다. 결국 규혁은 중학교 3학년 겨울방학 때부터 밤낮없이 개발에 몰두하느라 학교 공부를 소홀히 했다고 하지만 결국 원하는 대학에 진학하는 꿈을 이루었다.

규혁은 2012년 3월 한양대학교에 입학했다. 한양대학교는 고등학교 1학년 때 자신의 이름을 딴 '규혁롬'을 개발한 규혁을 수시모집 입학사정관제 전형으로 소프트웨어학과에 합격시켰다. 한양대학교에서는 "내신성적은 6등급이지만 자신의 전문 분야에서 무한한 잠재력을 가지고 있다는 점을 높이 사 선발하게 되었다"고 설명했다. 입학사정관제는 규혁이처럼 자신이 좋아하는 분야에서 성과를 거둔 학생에게 대학의 문을 열어 주는 통로가 되는 셈이다.

　규혁이 개발한 '규혁롬'은 개인 개발자가 기존 운영체제(OS)에서 일부 기능을 추가하거나 삭제해 맞춤형 상태를 만들 수 있는 '커스텀롬'의 일종이다. 커스텀롬이란 'Customer(고객)'와 'ROM(Read Only Memory)'의 합성어이다. 개인 개발자가 기존 OS에서 일부 기능을 추가하거나 삭제해 만든 롬으로, PC를 통해 스마트폰에 기본 내장된 롬을 교체해 사용할 수 있는 것이 특징이다. 개발자에 따라 스마트폰 제조사나 이동통신사가 만든 애플리케이션을 삭제하거나 일부 애플리케이션을 추가해 배포된다. PC를 통해 스마트폰에 기본 내장된 롬을 교체해 사용할 수 있는 것이 특징이다. 규혁롬의 경우, 기존의 스마트폰에 탑재된 애플리케이션을 뺐기 때문에 사용 시 속도도 빨라지고, 더 많은 메모리 공간을 확보할 수 있어서 사용자들에게 폭풍적인 인기를 끌었다.

　규혁이 합격하여 다니는 한양대 소프트웨어학과는 사실 내신 성적 2등급도 합격 여부가 불안한 학과다. 규혁의 내신은 6등급이었는데, 대학에서 규혁을 합격시킨 이유는 전문 분야에서 무한한 잠재력을 갖고 있기 때문이다. 잠재력을 뛰어넘는 또 하나의 요소는 은근과 끈기였다. '규혁롬'을 개발하면서 밤낮없이 매달렸던 끈기만큼은 규혁 자신도 자신하는 면이다.

　'마부작침(磨斧作針)'이라는 고사성어가 있다. 한자를 그대로 풀이

하면 도끼를 갈아 바늘을 만든다는 것이다. 즉, 어려운 일도 참고 노력하면 언젠가는 성공한다는 뜻이다. 당나라 시인 이백(李白)은 촉 지방의 성도에서 자랐다. 그는 학문에 뜻을 두고 상의산(象宜山)에 들어가 공부를 했다. 그러나 도중에 싫증이 난 그는 산에서 내려와 집으로 돌아가고 있었다.

냇가에 이르자 한 노파가 바위에다 도끼를 열심히 문지르고 있어서 그 까닭을 물었다. 노파는 도끼를 갈아서 바늘을 만들려고 한다고 대답했다. 기가 막힌 이백이 반문했다. "아무리 도끼를 간다고 해도 어떻게 바늘이 되겠어요?" 노파가 태연히 대꾸했다. "도중에 그만두지 않고 열심히 계속해서 간다면 언젠가는 바늘이 되고야 말지." 그 말에 이백은 크게 깨달았다. 그래서 집으로 가려던 생각을 버리고 다시 산으로 올라가 열심히 공부하여 대성했다. 규혁도 마찬가지다. 규혁의 잠재능력은 물론 그의 끈기 때문에 대학에 합격되었을 것이다.

스마트폰에는 기기를 작동시키기 위한 소프트웨어인 펌웨어가 설치되어 있다. 그런데 기본적으로 들어가는 애플리케이션이 많고 안정적으로 시스템을 운용하는 데 주안점을 두기 때문에 시작 속도가 매우 느리다. 여기서 필요 없는 부분들을 극소화한 것이 바로 '규혁롬'이다. 규혁롬을 사용하면 스마트폰의 시작 속도가 빨라지고, 늘어난 메모리를 다른 데 활용할 수도 있다. 규혁은 개발한 프로그램을 인터넷 블로그(http://kyuhyuk.kr/)를 통해 무료로 배포했다.

규혁롬처럼 스마트폰의 운영체제인 롬을 최적의 상태로 자신의 입맛에 맞게 사용할 수 있는 커스텀롬 소프트웨어를 직접 설치해 사용하려는 움직임은 몇 년 전부터 해외에서 활발했다. CM7, MIUI 등이 대표적이다. 하지만 한국의 스마트폰을 위한 소프트웨어는 없었다. 규혁이 그 시원을 연 것이다. 하지만 일부에서는 "내가 만든 게 더 낫다", "외국에서 다 한 것 아닌가"라는 반론도 있다. 이에 대해 규혁은 "제가 그냥 직접 쓰려고 제 수준에서 만들었고, 그러다 공유한 것일 뿐이에요. 그러니 수준이나 독창성을 얘기할 사안은 아니죠"라고 말했다.

그가 규혁롬을 공개하자 사용자들은 열광의 도가니로 빠져들었다. PC나 스마트폰 등으로 내려받아서 설치하기만 하면 기기가 환상적으로 팍팍 가동되니 그럴 만도 했다. 규혁이 다운로드가 얼마나 되었는지 확인할 장치를 해 놓지 않아 정확히 알 수는 없지만 젊은이들에게는 일대 사건으로 여겨졌다.

사용자들에게 규혁롬이 더 좋은 점은 완전 공짜라는 것이다. 더 따뜻한 일은 규혁이 한 네티즌이 자발적으로 보내 준 기부금을 굿네이버스에 전액 기부한 사실이다.

그러나 그가 이 착하디착한 물건을 창조해 내기 위해 들인 노력은 참으로 엄청나다. 스마트폰 펌웨어의 프로그램 하나하나를 분석해야 하기 때문이다. 그의 말대로 은근과 끈기를 알아줄 만하다. 중3 때부터 학교 갔다 오면 먹고 자는 시간 빼고는 계속 프로그램 개발에 매달렸다. 돈도 수백만 원은 들었다. 중고품이지만 스마트폰 20~30개를 샀으니까 말이다. 그러나 일이 힘들고 돈이 아깝다기보다는 즐거워했다. 새로운 세상을 여는 그런 쾌감을 맛보았던 것이다.

규혁은 블랙잭 이후 미라지, 옴니아1·2 등의 삼성 스마트폰용 롬을 개발해 배포했다. 2011년에는 모토로라의 스마트폰 모토로이를 최적화시킨 롬도 만들었다. 기존에 직접 개발한 커스텀롬도 지속적으로 개정판을 내놓고 있다. 규혁롬이란 이름 아래 탄생한 것들이 워낙 많다 보니 그 자신도 몇 종류인지 잘 모를 정도다. 그렇게 개발 작업을 꾸준히 하다가 2011년 8월에 잠깐 중단한 적이 있다. 규혁이 만든 커스텀롬의 문제를 지적하는 수준이면 그나마 괜찮겠지만 규혁을 나쁜 사람으로 만들어 버리는 댓글이 올라왔다. 신상 털기도 했다. 모든 것을 버리고 그냥 자신만의 길을 걷고 싶었다. 하지만 '계속 만들어 달라'는 응원의 글들도 끊임없이 올라왔다. 그는 다시 시작했다.

규혁은 대학에 들어간 후 더 멀리 보고 있다. 말로만 듣는 제2의 스티브 잡스가 아니라 스티브 잡스를 넘어서는 규혁이 되고자 한다. 그래서 혼자 힘으로 해결하던 컴퓨터 프로그래밍을 기초부터 체계적으로 배우고 있다. 어느 정도 능력을 갖추었다고 판단될 땐 직접 스마트폰을 만들 것이다. 노인들이나 장애인들이 아무런 불편 없이 이용할 수 있는 스마트폰을 꼭 제작하고 싶어 한다. 자신을 믿고 포기하지 않는 끈기는 규혁의 꿈을 더 크게 만들고 있다. 오늘도 끊임없이 새로운 프로그램을 만들어 가고 있는 이규혁! 소트트웨어가 미치도록 좋기 때문에 공부에도 미쳐 가고 있는 이규혁! 〈그대가 진정한 국가대표입니다.〉

수리수리 마수리

청소년 마술사 | 하재용(한국예술대학교)

무대 위에서 손이 현란하게 움직였다. 시계가 '사라졌다 나타났다'를 반복했다. 모래시계 속의 모래들은 순간 유리 밖으로 나와 뿌려졌다. 관객들의 박수 소리가 장내를 울려 퍼졌다.

열여섯 살 어린 마술사 재용의 시계마술이다. 경력 5년차 중학생은 겁 없이 홍콩세계마술대회에 도전장을 내밀었던 것이다. 그해 가을에는 국제마술사업회에서 주관하는 마술박사학위까지 받았다. 까다로운 영어 필기시험과 엄격한 실기 테스트를 거쳐야 하는 이 박사학위를 가진 사람은 전 세계에 60명 정도뿐이다. 하지만 재용은 열여섯 살에 당당히 박사학위를 받은 것이다. 홍콩대회 최연소 수상 덕에 실기는 면제받았지만 재용의 거침없는 도전은 이번에도 세계 최연소, 국내 8번째

취득이라는 성과를 거두었다.

　재용이 마술을 접하게 된 것은 우연한 기회였다. 초등학교 5학년 때 학생회장 선거 유세에서 친구들의 관심을 끌기 위해 고민하다가 마술을 선택하게 되었던 것이다. 전교회장 선거일, 전교생 앞에서 선보인 마술은 그의 장래희망에 못을 박는 계기가 되었다. 그는 손수건이 사라지는 마술과 로프를 떼었다 이어 붙이는 마술을 선보여 수천 명으로부터 박수를 받았다. 마술이 이루어지는 결정적인 순간 관객의 표정과 환호, 그 순간의 쾌감과 환희는 잊을 수 없는 기억이 되었고 결국 가슴에 꿈을 담는 계기가 되었다. 아쉽게도 그는 득표 수 3위로 회장은 되지 못했지만, 그날은 그의 인생을 바꾼 결정적인 순간이었다.

　이후 마술학원에 등록하고, 마술도구 파는 곳을 찾아다니고, 스스로 새로운 마술도 고안해 보았다. 그렇게 마술의 세계를 접하게 되었다. 재용은 이때만 해도 자신이 마술사의 길을 걷게 될 줄은 꿈에도 몰랐다. 마술학원 등록 첫날 '지팡이가 사라지는 마술'을 본 꼬마 재용은 장래희망을 바꾸었다. 대통령에서 마술사로. 그러다가 세계마술사협회 한국지부장 겸 아시아지부장인 정하성 씨를 만나 본격적으로 마술을 배웠다. 방학이면 아침 6시부터 저녁 11시까지 연습했다.

　마술을 하면서 재용은 딴사람이 되었다. 활발하고 장난꾸러기였던 그는 몰라보게 차분해지고 침착해졌다. 좋아하는 일을 찾고 몰두하다 보니 성격이 바뀐 것이다. 그는 천생 무대 체질이었다. 주목받는 것을 좋아하여 무대에 서면 그렇게 행복할 수 없었다. 웬만한 프로도 무대에 서면 긴장하기 마련인데 그는 아니다. 무대를 즐기다 못해 자신의 순서를 손꼽아 기다린다.

"마술대회에 나가면 '왜 내 순서가 빨리 안 오지?' 하는 생각뿐이에요. 홍콩국제마술대회에서는 자진해서 가장 먼저 하겠다고 했어요.

무대에 올라가서 빨리 관심을 받고 싶고, 시선을 끌고 싶고, 박수를 받고 싶거든요. 마술은 종합예술입니다. 아이디어도 많아야 하고 창의력도 있어야 합니다. 순발력과 쇼맨십도 필요하고요. 순발력은 타고나는 부분도 있지만 꾸준한 연습이 필수입니다."

재용은 초등학교 5학년 때 마술계에 입문해 쉼 없이 마술사의 길을 걷고 있다. 그는 이제껏 단 한 번도 후회하거나 포기하고 싶은 적이 없었다. 초등학교 때 공부를 잘했고, 서울대학교병원에 가서 검사한 IQ 테스트에서는 병원 측에서도 깜짝 놀랄 만큼 높은 지수가 나온 그에게 주변에서는 "머리 좋은 아이한테 왜 공부를 안 시키고 마술을 시키느냐, 마술은 좋은 대학에 입학한 후 실컷 배우면 되지 않느냐"고들 한다. 하지만 그는 이 길이 천직이라고 생각한다. 어릴 때부터 레고 조립 등 좋아하는 일에 빠지면 주위에서 아무리 불러도 못 들을 정도로 집중력이 뛰어났다. 그는 "마술을 배우면서 내가 진짜 좋아하고 잘할 수 있는 일을 찾았다"고 하더니 "5학년도 늦다고 생각해요. 유치원 때 시작했으면 더 잘할 수 있었을 것 같아요"라며 진지하게 말한다. 다행히 그의 부모님은 그의 꿈에 태클을 걸지 않고 날개를 달아 주었다. 자리를 함께한 재용이 어머니는 그가 어려서부터 독립심이 강했다고 말한다.

재용이 가장 자신 있어 하는 마술은 시계마술이다. 파티에 늦은 마술사가 제시간에 도착하기 위해 시간을 되돌리는 마술. 초침과 분침, 시침이 뒤로 돌아가고 작은 시계가 커지거나 여러 개의 시계가 사라지기도 한다. 그의 시계마술에서는 시간을 되돌리고 싶어 하는 인간의 욕망이 이루어진다.

2011년 고3이 된 재용은 세계마술협회(IMS)가 주는 '올해의 마술사'상을 받았다. 협회 소속 각국의 마술사들이 투표하여 그 나라에서 가장 활발히 활동하는 마술사에게 주는 상이다. 영화 〈나는 아빠다〉에서 마술감독도 맡았던 재용은 추가로 '공로상'도 받았다.

두 아버지의 지독한 부성애를 담은 영화였다. 이 영화의 마지막 장면에서 아버지 상만은 "내가 보여 주는 세상은 바로 이런 거다"라며 마술을 선보인다. 수술 후 처음으로 눈뜬 민지의 눈에 들어온 세상은 온통 꽃 천지다. 하늘에서 눈송이 같은 꽃잎이 떨어지고 보라색 깃발이 춤을 춘다. 원수지간인 두 아버지는 마술을 하고, 마술을 보는 순간만큼은 한마음이 된다. 마술은 마력을 지녔다. 이 영화에서 마술은 원수의 딸까지 부성애로 껴안는 신비한 힘을 지녔다.

2008년 출전한 홍콩국제마술대회에서는 인기상에 해당하는 '피플초이스 어워드' 상을 받기도 했다. 또한 세계마술사협회가 주는 '마술박사' 학위를 최연소에 땄다.

재용은 이 영화에서 마술 장면과 관련된 거의 모든 부분에서 주도적인 역할을 했다. 연기자에게 마술 지도를 해 주고, 난이도가 있는 마술은 그가 대역을 했다. 무엇보다 신경 쓴 부분은 어떤 스토리와 테크닉의 마술을 선보일지 하는 것이었다. 그는 시나리오의 흐름과 자연스럽게 어울려야 했기에 이 부분을 정하는 것이 쉽지 않았다. 하지만 그는 마술의 혼을 영화에 담았다. 마술대회에서 여러 상을 받아 보았지만 영화를 통해 받은 공로상이 더욱 빛났다.

"아직도 많은 분이 '마술은 그냥 속임수'라고 생각하는 게 매우 안타까워요. 사람이 직접 날거나 시간을 되돌리는 일은 상상으로만 가능하지 실제로는 이뤄지지 않잖아요. 그냥 편안하게 보면서 잠시라도 즐기고 불가능을 실현하는 모습에 행복해한다면 충분한 것 아닐까요?"

재용의 목소리에는 안타까움이 묻어 있었다. 하지만 얼굴에는 행복이 가득했다. 자신의 마술을 바라보며 행복을 느끼는 사람들의 얼굴이 떠오르는 모습니다.

그의 꿈은 역시 세계적인 마술사가 되는 것이다.

"3년에 한 번 열리는 마술올림픽(피즘, FISM)에 나가서 꼭 우승하고 싶어요. 이은결 선배처럼 사람들을 금세 친해지게 만드는 마술만의 매력도 널리 홍보하고 싶고요."

재용은 서울 예술공연고등학교를 졸업하고 한국예술대학에 다니고 있다. 또 다른 도전을 하고 있다. 이미 마술박사학위를 받았지만 끊임없이 꿈을 향해 달려가는 것이다. 일찌감치 마술사로 진로를 정해서 세계 마술계에서 그 실력을 인정받고 있는 마술 인재로 통하는 마술박사 하재용! 〈그대가 진정한 국가대표입니다.〉

요즘 유행 갖고 싶니?

인터넷 쇼핑몰 고등학생 CEO | 박예나(전북여자고등학교)

"예나야, 연합고사도 끝났는데 이제 뭘 할 거니?"

고등학교 입학을 위한 연합고사를 마치고 나오며 친구 슬기가 찰싹 달라붙으며 이야기를 붙였다,

"뭐 딱히 정한 것은 없어."

"시험도 끝났고 출출한데 떡볶이나 먹고 가자."

"그것 좋지."

떡볶이 집을 향해 걸음을 옮기던 슬기가 시장 모퉁이의 여성 의류점 앞에서 걸음을 멈췄다.

"예나야! 저 옷 어때? 마네킹이 입고 있는 저 옷 말이야."

"겨울옷치고는 꽤 화사하네. 왜 옷 사게?"

"응, 엄마가 시험 치고 나면 옷 사 주신다고 했걸랑. 그런데 사면 뭐 하냐? 온통 체육복밖에 살 게 없는데. 도대체 왜 날씬한 사람들만 입을 수 있는 옷밖에 없는 거니?"

"대충 입으면 되는 것 아냐?"

"야, 너같이 표준 사이즈는 대충 입어도 되지만 66과 77을 오가는 나 같은 사람은 얼마나 신경 쓰이는 줄 알아?"

"사이즈에 맞춰 사면 되잖아?"

"모르는 소리 마. 예쁜 옷들은 모두 55 사이즈에 맞춰 디자인한 거라 우리같이 앞자리가 높은 사람들을 위해 디자인한 옷들을 찾기가 쉽지 않아. 하이힐도 그래. 우리 같은 사람들이 하이힐을 신으면 키가 커 보이는 것이 아니라 배만 나오잖아."

"그래도 넌 사복 입을 때 보면 예쁜 옷 많이 입던데?"

"응, 난 언니가 비슷한 체형이어서 언니 덕을 보는 셈이지. 언니하고 가끔 옷 사러 동대문까지 간다니까."

"뭐라고? 동대문까지 간다고?"

"응, 저녁에 막차 타고 가서 새벽시장을 한 바퀴 돌면 백화점보다 훨씬 예쁘고 좋은 옷이랑 액세서리를 살 수 있어."

"역시 언니가 있다는 것은 좋은 점이구나."

"오늘 밤에도 언니하고 같이 동대문 가기로 했는데 너도 관심 있으면 같이 갈래?"

"그래도 돼?"

"내가 언니한테 문자해 볼게."

슬기의 언니로부터 같이 가도 좋다는 문자가 왔다. 떡볶이를 어떻게 먹었는지 기억이 나지 않는다. 슬기와 이런저런 이야기를 나누었지만 예나의 머릿속에는 다른 생각으로 가득 차 있었다. 사실 예나도 시험을 마치고 나면 엄마가 옷을 사 주시기로 약속하셨다. 평소 인터넷을 통해 옷을 샀던 터라 동대문까지 가 볼 생각을 못했다. 그런데 슬기의 이야기를 듣고 보니 자신이 은근히 걱정했던 생각이 떠올랐다. 55 사이즈가 약간 불안할 것 같았기 때문이다. 공부를 그렇게 열심히 한 것은 아니지만 가을과 겨울을 맞이하면서 몸이 불기 시작했던 것이다. 수험생이라 영양에 신경을 써야 한다며 엄마가 이것저것 챙겨 주시는 통에 결국 '날씬'은 저리 가고 '통통'하고 탄실한 몸매로 바뀌어 가고 있었다. 인터넷 쇼핑몰을 통해 옷을 구입했다가는 낭패를 볼 수도 있는 상황이었다.

슬기와 저녁에 다시 만날 것을 약속하고 예나는 서둘러 집으로 돌아왔다. 집에 도착하자마자 교복을 벗지도 않고 평소에 자주 들렀던 인터넷 쇼핑몰에 접속했다. 평소 자신의 옷에만 관심을 가졌던 터라 전체를 눈여겨보지 않았던 품목들을 같이 둘러보았다. 슬기의 말처럼 44 사이즈나 55 사이즈의 옷들은 그나마 눈길이 갔지만 그보다 더 큰 사이즈는 특별히 눈에 띄는 것이 없었다. 예쁜 옷 밑에는 가끔 '좀 더 큰 사이즈는 없나여ㅠㅠ'와 같은 댓글이 달려 있었다. 순간 예나의 머릿속에는 같은 반 아이들의 사이즈가 휙휙 지나갔다. 그러고 보니 평소에 교복 위에 패딩 점퍼를 입고 다녀서 별로 눈여겨보지 못했던 부분들이 뇌리를 스쳐 지나갔다. 쉬는 시간이면 삼삼오오 모여 연예인들이 입고 나온 의상들에 대해 이야기를 했지만 마치 먼 나라 이야기처럼 느껴졌다.

순간 오늘 밤 동대문 시장에서 자신의 옷을 사는 것이 아니라 66과 77 사이즈를 원하는 또래들을 위한 옷을 눈여겨보고 한두 벌쯤을 사 오기로 했다. 지난 추석 때 친척들로부터 받은 용돈을 꺼내 보니 10만 원 정도가 되었다.

부모님께 승낙을 받고 그날 밤 서울로 가는 고속버스에 몸을 실었다. 슬기와 언니가 가끔 말을 건네 왔지만 예나의 머릿속에는 온통 인터넷 쇼핑몰 생각뿐이었다. 고등학교에 입학하기 전 몇 달 동안 자신이 직접 작은 인터넷 쇼핑몰을 운영하기로 결심했기 때문이다. 인터넷을 통해 미리 인터넷 쇼핑몰을 운영하는 방법들을 찾아보았다. 경기가 어려워서인지 인터넷 쇼핑몰을 운영하려는 사람이 많았다. 따로 점포를 마련해야 하는 것도 아니고 돈도 많이 드는 것이 아니라 너도나도 인터넷 쇼핑몰을 운영해 보려고 여기저기 새로운 글들이 올라와 있었다. 홈페이지를 만들 필요도 없고 홈페이지를 운영하는 방법을 몰라도 된다고 했다. 이미 인터넷 쇼핑몰 창업 솔루션이 있어서 쇼핑몰을 만들거나 운영하는 것에 대한 모든 것을 알려 주는 곳이 있었다. 쇼핑몰을 운영하기 원하는 사람은 자신이 팔고 싶은 제품을 선택해서 잘 알리는 데 집중하면 되었다.

예나는 일단 저질러 보기로 했다. 비록 10만 원밖에 되지 않지만 이 돈을 투자해 보기로 했다. 겨울 새벽시장은 활기가 넘쳤다. 겨울이라 10만 원으로 살 수 있는 것은 얼마 되지 않았다. 선택과 집중이라고 하지 않았던가. 10만 원으로 욕심을 낼 수 없었기에 66 사이즈에 맞는 바지와 티셔츠, 신발을 각각 하나씩 구입한 뒤 아침 고속버스를 타고 전주로 내려왔다. 이것이 예나의 쇼핑몰 사업의 첫 삽질이었다.

'육육걸즈(http://mall66.cafe24.com)!' 예나가 운영하는 쇼핑몰이다. 중학교 3학년 말에 문을 열어 이제 대학생이 되었다. 중3 연합고사를 마쳤던 그날이 씨앗이 되어 인터넷 쇼핑몰 CEO가 되었다. 통통한 사이즈의 66과 걸그룹들의 이름을 흉내 내서 육육걸즈라는 이름을 지었다. '육육걸즈(66girls)'란 66 사이즈 이상의 통통한 체형의 여성들이 편하게 입을 수 있도록 넉넉한 사이즈의 옷들을 취급한다는 것이다. 이름에 맞춰 주 고객층은 10~20대 초반 여성들로, 빈티지 의류 및 액세서리를 전문으로 판매하고 있다.

첫 달 매출은 4만 원이었다. 친구는 10만 원 투자해서 4만 원 벌었다고 놀려 댔다. 하지만 예나의 생각은 달랐다. 상황이 참 재미있다고 느꼈다. 작은 블로그를 찾아오는 고객이 있다는 것이 신기했다. 좀 더 알릴 수 있는 방법을 생각했다. 일단 시작한 일이니 그냥 실패라고 생각하기보다는 좀 더 나은 결과를 낳을 수 있는 방법을 찾아보았다.

"박예나, 홧팅! 이제 시작이잖아. 넌 잘할 수 있어!"

예나는 거울에 비친 자신의 모습을 보며 큰 소리로 외쳤다. 그 뒤 본격적으로 쇼핑몰 운영에 돌입했다. 인터넷 카페와 도서관에서 빌린 책을 토대로 홈페이지를 관리했다. 포토샵, 디자인, 사진 찍는 법 등 창업과 관련된 지식을 하나둘 공부하기 시작했다. 모르는 것이 생기면 쇼핑몰 운영자들에게 조언을 구하기도 하고, 이메일로 자신의 고민과 걱정을 적극적으로 물어보기도 했다.

예나의 홍보 전략은 '솔직함'이었다. 돈을 들여 홍보하는 대신 10대들이 자주 가는 커뮤니티 사이트를 활용했다.

"같은 10대로서 쇼핑몰 운영을 하는데, 한 번씩 찾아와 좋은 글 남겨 주세요."

"마음에 드는 옷이 있으면 구입을 망설이지 마세요."

게시판마다 눈길을 끌 수 있는 글을 올렸다.

처음엔 많이 망설여졌다. 혹시 게시판의 글을 보고 악플을 달지는 않을까, 욕은 하지 않을까 걱정이 많았다. 하지만 글을 보고 홈페이지를 찾아 주었고, 같은 10대에게 격려의 글을 올려 주었다. 홈페이지를 찾았던 친구들이 자연스럽게 홍보도 해 주었다. 매출이 눈에 보이기 시작한 것이다.

예나는 10대들의 눈높이에 맞춰 물품들을 구입하고 쇼핑몰을 채워 넣었다. 10대들의 마음을 읽는 것이 중요했다. 개성을 중요하게 생각하는 그들의 마음에 맞게 품목마다 한 가지씩만을 준비했다. 그래서 '육육걸즈'에는 똑같은 옷이 없었다. 또 그들의 생활 패턴에 맞추어 하교시간이 일정하지 않은 중학생이나 고등학생들이 언제든지 문의할 수 있도록 24시간 전화를 개방해 두었다. 또한 24시간 문자 서비스를 실시하였다. 즉각적인 반응에 학생들은 스스로가 '육육걸즈'의 홍보요원이 되었다. 인터넷 게시판을 통해 입소문이 나면서 주문이 밀려들기 시작했다. 궁금증은 즉시 대답해 주고 그런 궁금증들을 모아 쇼핑몰에 반영하였다. 예나가 고등학교 1학년이던 2008년, 월 매출이 1000만 원으로 껑충 뛰더니 이듬해 2000만 원으로 두 배나 성장했다. 또 그해 겨울에는 3000만 원의 매출을 돌파하면서 안정적인 매출로 이어졌다. 쇼핑몰 회원 수만 해도 무려 4만 명을 넘어섰다.

예나는 늘 발전하기 위해 애를 썼다. 쇼핑몰 사이트 내에 10대들과 소통할 수 있는 공간도 마련하였다. 예나가 쇼핑몰을 운영하면서 느낀 점이나 재미있는 에피소드, 실수한 이야기들을 웹툰 형식으로 그려 홈페이지 코너에 담았다. 또한 서로의 스타일링 방법을 공유하기도 했다.

물론 예나에게도 어려움은 있었다. 나이가 어리다는 이유로 물품 구매를 거부당하기도 하고, 물품을 구입하면 물건 대신 쓰레기가 담겨 오는 등 사기도 여러 번 당했다. 물건을 받아 본 이들이 자신이 원하던 디자인이 아니라며 핀잔을 주는가 하면, 어리다는 이유로 구매한 학생들의 부모들에게서 입에 담지 못할 욕설을 듣기도 했다.

힘들었지만 예나에겐 그런 일련의 상황들이 오히려 전화위복의 기회가 되었다.

'모든 고객들을 100% 만족시킬 수는 없구나. 자만하지 말고 더 노력해야지.'

그때 힘들다고 그만두었더라면 인생의 실패자가 되었을지도 모른다. 누구에게나 오는 시련을 어떻게 극복하느냐에 따라 인생의 항로가 바뀔 수 있다는 사실을 예나는 스스로 깨닫게 되었다.

예나는 '창업 특기생'으로 전주대학교에 입학하였다. 대학생활과 인터넷 쇼핑몰 운영까지 하루가 어떻게 가는지 모를 정도다. 일주일에 300~400개 옷들을 업데이트하고, 직접 사진을 찍고, 스타일링까지 하면서 바쁠 때는 하루 한두 시간 쪽잠을 자야 하는 형편이다. 그러나 예나는 힘들다고 생각하지 않는다. 오히려 잘할 수 있는 일을 찾았다는 생각에 하루하루를 행복하게 지낸다.

예나의 최종 목표는 세계적인 의류 전문가가 되는 것이다. 패션을 전공하고 앞으로 디자인을 더 공부하려고 한다. 의류 아이템별로 제 이름을 건 브랜드를 구축하는 것이 목표다. 도전을 두려워하기보다는 오히려 즐기고 있다.

예나는 창업을 꿈꾸는 G20 세대들을 향해 조언을 던진다.

"누구에게나 꿈은 있잖아요. 하지만 그 꿈을 머리로만 생각하는 사람과 실천하는 사람은 출발부터가 달라요. 창업을 준비하거나 주위의 시선 때문에 자신의 꿈의 기로에서 머뭇거리고 계신다면 무조건 도전하세요."

도전을 두려워하기보다는 오히려 그 설렘과 두려움을 즐긴다는 박예나!

10년 뒤 세계적인 의류 디자이너로 활약할 박예나! 〈그대가 진정한 국가대표입니다.〉

이 작가 누구야?

디지털작가상 청소년 부문 대상 l 장준영(인천 국제고등학교)

공간이 생겨 버렸어,

내가 스스로 만들어 낸 공간이,

가득 차 있던 나의 삶 속 깨끗하고 마냥 즐겁기만 했던 나의

그리운 삶 속에······

공간을 차지하던 사람이 여운이 되어 사라지고, 아니

버려지고······

내가 버린 사람이 마지막 모습으로 잠시 공간에 남아 있다가

다시 여운이 되어 사라지고, 짤따란 기억이 사뿐히 그 위에

눌러앉아 탄식을 가리우고 추억을 가리우고, 주제를 모르고

아무 일이나 막 해대고,

아! 루이스 호수 위에 떠오르는 옅은 신기루여!

그 일을 핑계 삼아 이 공간을 정당화시키려 하고

하지만 결국 핑곗거리조차 완성하지 못한 채로 혼자서

끊임없이 낙하한다.

그렇지만 스스로를 지키고자 하는 하잘것없는 본능이 다시

한 번 꿈틀거리면서,

글을 쓰기 위해 남겨진 듯,

펜을 쥐고 있는 나의 힘 있는 손아귀가 꿈틀거리면서

아직까지도 남아 있는 죄지은 허연 것들을 채워 나가기 위해

휘적댄다.

자! 이제 안타까움마저도 추억으로 돌려 버리려 했던

바보 같은 나의 쓴웃음이 만들어 낸 끊임없이 떨어지는

것에 무언가를 느끼고, 안타까움조차 모자라서 한숨조차

먹은 채로 같은 이름에 이리저리 돌아다니는 전혀 다른

것으로부터 그리움에 사로잡혔지만 결국 어떠한 목소리도

얻지를 못하고, 진짜 목소리를 기억하지 못하는 듯이 행복한

노래에 끊임없이 안타까워하고.

이제는 내가 이 글을 다 썼기 때문에 한 가지 마음이 놓이는

점이 있는데 공간은 여전한데 무언가를 배불리 먹은

듯한 느낌이 손가락 끝, 발가락 끝으로부터 지릿거리며

느껴진다. 이제야 밝힌다. 너! 너와 저자를 누비던 때가 그리워 한 공간이 되었고, 너와의 기억, 나와 눈같이 하얀 것들에 환호하면서 눈썹을 치켜올리며 서로를 바라보던 느낌이 또 공간이 되었고 너와의 그 느낌, 이것이라 하기엔 멀지만 저것이라 하기엔 가까운 나의 판단이 공간이 되었고 마지막으로 내가 스스로 나의 그리운 삶 속에 어이없을 정도로 커다란 구멍을 뚫어 지금 내가 생각하기에도 내가 어색하리만치 변해 버린 지금…… 고지식함과, 고전적인 느낌과, 감상과, 바람과, 다 되돌리려 한다. 이 글을 읽어라. 고지식함이 필요할 때, 과거에 나의 생각에 줄곧 따라붙고는 하던 형형색색의 바람이 필요할 때, 신체 말단 부위로부터의 지릿거리는 쾌감이 필요할 때.

〈공간축소〉라는 프롤로그의 일부이다.

장준영! 열여섯 살 나이에 장편소설을 3편, 단편소설을 3편, 시를 2편이나 발표하였다. 〈공간축소〉! 고등학교 1학년 때 디지털 작가상 공모전 청소년 부문에서 특별상인 대상을 받았다. 아이들을 가르치는 것이 좋아 초등학교 선생님이 되는 꿈을 키우며 글을 써 왔다. 친구들이 열심히 공부하는 시간인 자율학습 시간을 1시간 정도 할애해서 글을 썼다. 글을 쓰는 순간만큼 행복한 시간이 없다. 하지만 글을 읽는 독자들

에게는 미안하기만 하다. 세상은 넓디넓은데 준영이의 세상은 좁기만
하다. 아직 경험이 부족한 탓이다. 그래서 상상의 세계를 만들어 낸다.
상상 속의 세상을 현실의 세상으로 이끌어 오는 통로가 되는 순간 세상
의 그 어떤 행복으로도 대체할 수 없다.

준영이는 이제 디지털 작가라는 꼬리를 달고 다닌다.

디지털 작가란 무엇일까?

디지털 작가라는 말을 인터넷 검색창에 넣었더니 다음과 같은 말이
눈에 띈다.

'디지털 작가는 프로와 아마추어의 경계를 두지 않습니다.

디지털 작가는 등단과 미등단의 경계를 두지 않습니다.

디지털 작가는 지역과 세대와 계층의 경계를 두지 않습니다.

디지털 작가는 보수와 진보 이념과 생각의 경계를 두지 않습니다.

디지털 작가는 독자와 작가의 경계를 두지 않습니다.

디지털 작가는 상상력이 풍부한 사람입니다.

디지털 작가는 온라인을 기반으로 활동을 하는 글쓰는 사람을
말합니다.

디지털 작가는 국내 지식문화의 창조적 지식을 생산하고
상상력을 넓혀 우리의 문화자산을 극대화하고 풍부하게
발전시키는 바로 그런 사람입니다.

집필을 하고자 하는, 하는 사람, 독자이면서 동시에 글을 쓰는
사람이 바로 모두 디.지.털.작.가.입.니.다.'

글쓰기도 이제 디지털 시대이다. 인터넷 공간에 게재한 글들이 책이
되고, 책이 다시 인터넷 공간으로 들어간다. 하지만 책, TV, 영화, 인
터넷…… 아무리 많은 매체가 등장하고 발달한다 해도 그 모든 것의 중
심은 상상력과 스토리이다. 풍부한 상상력과 폭넓은 스토리 자원은 우
리의 문화와 라이프스타일을 풍성하게 해 줄 뿐만 아니라, 이를 기반으
로 하는 디지털 작가는 문화산업을 이끌 수 있는 새로운 시대의 새로운
좌표이다. 이제 준영이는 새로운 문화산업을 이끌어 가는 또 한 영역의
퍼스트 펭귄이 된 것이다.

준영이 수상한 대회는 문화체육관광부와 매일경제가 주최하고, 한
국전자출판협회가 주관하는 '제5회 대한민국 디지털작가상 공모전'이
었다. 전자책 콘텐츠를 발굴하고 디지털 기반의 새로운 신인작가를 길
러 내기 위해 마련된 공모전이다. 매년 응모하는 작품 수가 늘어가고,
해마다 디지털 기반의 창작 활동을 하는 작가들의 관심이 높아지고 있
다. 준영은 끊임없이 창작의 세계로 달려간다. 그렇다고 공부에 게으
름을 피우는 것은 아니다. 국제고등학교라는 환경이 결코 만만하지 않
기 때문이다. 매일 1시간씩 시간을 정해 두고 상상의 세계에 빠지기도
하고, 도서관에서 관련 자료를 찾기도 한다.

준영이는 초등학교 3학년 때부터 소설을 쓰기 시작했다. 하얀 종이 2장에 구상했던 작품이 장편소설로 다시 태어난 것이다. 〈공간축소〉를 이루고 있는 요소 중에서 가장 중요한 것은 마지막에 나오는 '육백만 원'이라는 삽입된 이야기이다. '육백만 원'을 쓰고 난 후 수정하는 과정에서 〈공간축소〉라는 소설을 기획하게 되었다. 예술가들의 삶을 다룬 이야기인 '육백만 원'은 예술을 하는 사람이라면 순수한 예술적 목적을 추구해야 한다는 주제를 가지고 있다. 이러한 주제를 구현하는 인물로 작품 속에 작가라는 인물을 형상화했다.

남자 주인공과 여자 주인공의 모습이 각각 감성적인 것과 이성적인 것을 대표하면서 둘 사이에서 생겨나는 아름다운 인연을 작가로서 추구해야 할 순수성으로 본 것이다. 하지만 소설 중반부에서 이들의 연결은 끊어지고, 이 끊어짐이 '공간'을 만들면서 '육백만 원'의 주제와 〈공간축소〉의 주제가 만나는 장이 되는 것이다. '공간'이 생긴다는 것의 의미가 '육백만 원'의 마지막 장면과 연결되는 것이고, 그 공간을 저마다의 형태로 채워 가는 것, 비극적인 과거일지라도 추억으로 간직하려는 모습이 〈공간축소〉의 결말이다. 〈공간축소〉의 남자 주인공이 결국은 손에 잡히는 것에 굴복하게 되는 '육백만 원'의 결말을 보면서 느꼈을 심정과 외형적인 것 때문에 만남을 저버린 여자 작가가 '육백만 원'을 쓰면서 느꼈을 것들이 하나의 아이러니가 되어 안타까움을 자아낸다.

초등학교 3학년의 머릿속에서 이런 스토리가 만들어진 것이다. 초등학교 때 주로 단편소설을 쓰던 준영은 중학생이 되면서 장편소설까지 쓰게 되었다. 준영이 길고 짧은 글을 쓸 수 있는 힘은 어디에서 나오는 걸까. 그렇다. 바로 독서의 힘이다. 그저 상상만 하면 공상이 되지만, 지식이 더해지고 사실을 바탕으로 입혀진 스토리는 빛을 발한다. 준영은 글을 쓰는 시간 이상으로 다양한 책을 읽는다. 예술가의 세계를 탐구하고 새로운 영역을 찾아 나섰다. 새로운 영역에서 얻을 수 있는 기쁨은 또 다른 상상의 세계를 만들어 준다. 준영이 쓰는 소설의 세계는 상상만의 세계가 아니라 알아 가면서 만들어 나가는 세상인 것이다.

스토리는 힘이 세다. 스토리는 이제 문화를 넘어 산업이 되었다. 오늘도 준영은 새로운 세상을 만들기 위해 책에 얼굴을 묻고 자신만의 세상을 만들어 가고 있다. 세르반테스와 셰익스피어, 조엔 롤랑을 넘어서는 대문호를 꿈꾸는 미래의 국어 선생님, 장준영! 〈그대가 진정한 국가대표입니다.〉

인생은 몰입이야!

게임 중독에서 서울대까지 | 이대보(서울대학교 종교학과)

- 으아악, 6시, 6시, 6시!

- 진짜 수능 볼 때보다 더 떨리네. ㅋㅋㅋ

- 제발 아버지! 엄마 제발! 합격하면 효도할게요!!

서울대학교 합격자 발표 사이트가 열리는 6시! 입시 관련 커뮤니티
에는 대보를 비롯한 수험생들이 채팅을 하고 있었다.

- 떴다. 떴어! 거짓말! 어어어어어! 진짜다!

- 으악! 열렸다. 확인!!!! ㄱㄱ!!!

평소 손가락이 보이지 않을 정도로 빠르게 자판을 두들기던 대보는

합격자 발표 사이트에 접속하여 이름과 수험번호를 쳤다. 인터넷 화면이 아주 천천히 움직였다. 대보의 가슴은 미치도록 쿵쾅거렸지만 순간적으로 접속자가 몰리는 바람에 모래시계 안의 모래만 끊임없이 내려가고 있었다. 순간 모니터 아래에 '완료'라는 글씨가 떴다. 대보는 손바닥으로 눈을 가렸다. 잠시 후 손가락을 벌리며 화면을 슬쩍 바라보았다.

– 이대보 수험번호 15132432…….

합격 여부가 씌어진 곳으로 눈을 돌렸다.

– 합격! 유의사항을 확인해 주세요.
고지서 출력은 하단에 있습니다.

"으아아악! 이대보 서울대 종교학과 합격!"
초등학교 때 시작해서 고등학교 1학년 1학기 때까지 게임 중독이던 대보.
과학 점수 30점, 수학 점수 50점이던 대보가 서울대학교에 합격한 순간이었다.
대보는 게임 중독자였다. 초등학교 2학년 때 사촌형을 따라 '리니지'를 밤새도록 구경하며 게임에 발을 들여놓았다. '스타크래프트'에 빠져 저녁을 먹지 않고 넘기기가 일쑤였다. '서든어택'에서 음성채팅을 하며 밤새도록 총싸움을 했다. 하루에 대여섯 시간 동안 게임에 빠져 있기가 일쑤였다. 중학교 3학년 때는 이틀 동안 꼬박 잠 한숨 자지 않았고 컵라면 두 개로 배고픔을 견디며 게임에 몰두하였다.

대보는 21세기를 살아가는 젊은이들은 생각할 수도 없는 고통과 상처를 입고 자랐다. 상처는 숨기고 곪아 터지도록 방치하면 문제가 되지만 세상에 드러내 놓으면 더 이상 곪지 않는 법이다. 대보는 자칫 곪을 수 있는 상처를 용감하게 드러내 놓았다.

대보 어머니는 대보가 어릴 때부터 도박에 빠져 있었다. 한번 나가면 일주일에서 열흘씩 외박하는 것은 예삿일이었다. 집안은 엉망이었고, 생활은 점점 어려워졌다. 마침내 참다못한 아버지와 크게 다툰 후 어머니는 집을 나갔다. 당시 초등학교 1학년이던 대보는 어머니도, 아내에 대한 그리움에 홀로 눈물을 흘리는 아버지도 신경 쓰고 싶지 않았다. 형편이 좋지 않아 초등학교 1학년 때부터 무료 급식을 먹어야 했다. 그것도 부족해 남은 잔반을 싸서 집으로 돌아와 할머니와 동생의 주린 배를 채워 주어야 했다. 결국 가난으로 인해 고향인 인천을 떠나 광주로 이사를 해야 했다.

국어 교과서에 수록된 1960, 1970년대의 소설에나 등장하는 찌든 모습이 대보가 살아가는 집의 모습이었다. 마당을 적셔야 하는 반가운

봄비가 천장을 뚫고 방바닥을 적셨다. 천장에는 돌이 굴러가는 소리가 나듯 쥐들이 돌아다녔고, 방에서는 손바닥 길이의 지네가 나와 잠자고 있는 동생의 팔뚝을 물어뜯어 위급한 상황이었지만 돈이 없어 응급실에 가지 못했다.

찌들어지게 가난한 상황은 대보를 친구들로부터 멀어지게 했다. 친구들이 없는 공간을 게임이 메워 주었다. 할머니의 잔소리는 대보의 탈선을 막기에 역부족이었다. 친구를 따라 담배도 피우고 술도 마셔 봤지만 가장 재미있는 건 게임이었다. 게임이 친구보다 훨씬 좋았다. 처음엔 대보가 게임을 선택했지만 시간이 지나감에 따라 게임이 대보를 놓아주지 않았다. 게임에 빠질수록 게임 등급이 올라갔고, 성취감이 높아졌다. 게임에 빠져들수록 가족들과의 관계는 서먹해졌다. 특히 가족들을 전남 광주에 남겨 두고 인천에 사는 아버지와는 더욱 그랬다.

아버지는 몇 달에 한 번씩 집에 오셨는데, 일 년 동안 대화를 나눈 횟수를 손가락으로 셀 수 있을 정도였다. 15인치 사각형 모니터 속 세상은 팍팍한 집안 환경과 낮은 성적으로 받은 스트레스를 날릴 수 있는 그만의 공간이었다.

그러던 어느 날, 대형 사고가 일어났다. 공사장에서 일하시는 아버지 어깨 위로 큰 철근이 떨어진 것이다. 어깨 힘줄이 끊어져 더 이상 왼쪽 팔을 들어 올릴 수도, 주먹을 쥘 수도 없는 상태가 되었다. 대보는 "지 아버지가 어떻게 되었는지도 모르고 만날 게임만 하러 다닌다"는 할머니의 푸념 섞인 야단을 통해 아버지의 사고 사실을 알게 되었다. 사고 후 몇 달이 지났을 때였다. 망치로 머리를 맞은 느낌이었다.

아버지의 사고 사실을 알고 난 얼마 뒤에 아버지가 집에 오셨다. 햇볕에 까맣게 그을린 피부에, 듬성듬성 자란 머리, 움푹 파인 볼 등 누가 봐도 병색이 완연하다는 걸 알 수 있을 정도로 수척해지셨다. 어색하게 옆에 앉아 있는데 아버지가 밥이나 먹으러 나가자고 하셨다. 처음으로 아버지와 식당에 가서 밥을 먹는 거였다. 둘 다 약간 들뜨기도 했고, 어색하기도 했다. 순대국밥이 나오자 아버지는 자신이 가지고 오겠다며 주방 쪽으로 가서 쟁반을 들었다. 그 순간 쟁반은 바닥에 떨어지고, 뚝배기는 산산조각이 났다. 아버지는 왼쪽 어깨를 쓰지 못한다는 사실을 깜빡 잊으셨던 것이다.

대보가 정신을 차린 건 그때였다. 아버지에게 삿대질을 하며 신경질을 부리는 주인을 보면서 '이제는 정신을 차리고 집에 필요한 사람이 되어야겠다'고 생각하게 된 것이다.

공부를 하겠다는 뜻은 세웠지만 마음같이 성적이 오르진 않았다. 꿈이 생겼지만 현실은 냉혹했다. 자율학습시간은커녕 시험시간마저 집중하기 어려웠다. 그동안 집중력이 많이 떨어진 것이다. 시험 결과도 참담했다. 고등학교 1학년 1학기 모의고사 과학 성적은 30점, 수학 성적은 50점이었다.

공부를 하려고 책상에 앉아도 자꾸 게임 생각이 났다. 책을 펼쳐 놓고도 어떤 전략을 짜서 게임 점수를 얻을까 하는 고민만 하고 있었다. 몸만 책상 앞에 앉아 있지 정신은 게임을 하고 있었다.

사람은 쉽게 바뀌지 않는 법이다. 게임 하고, 먹고 자고, 다시 게임을 하는 습관이 몸에 배었는데, 단박에 공부가 잘 된다는 게 오히려 이상한 일이었다. 성적을 올리기보단 게임 하는 습관을 없애고 공부 습관을 들이는 것이 시급했다. 게임을 하면서 마우스 클릭을 많이 하다 보니 필기를 하려고 해도 손이 덜덜 떨렸다. 대보는 한 손으로는 연필 앞부분을, 다른 손으로는 연필 뒷부분을 잡고 교과서를 베끼면서 손 떨림 증상을 고쳐 나갔다. 게임 생각이 날 때마다 소리 내어 책을 읽기도 했다. 그래도 게임의 잔상이 떨쳐지지 않자 아버지와 담임선생님께 게임 중독이란 사실을 밝혔다.

아버지는 곧바로 집에 있는 컴퓨터를 치우셨다. 집중이 되지 않을 땐 선생님께 허락을 받고 중간에 나가서 바람을 쐬고 들어오기도 했다. 체육시간과 점심시간에는 축구를 했다. 땀을 흘리는 것이 게임을 잊을 수 있는 방법이었다. 나쁜 습관은 영원히 없어지지 않는다. 단지 새로운 습관에 의해 수면에 가라앉아 있을 뿐이다. 그렇기 때문에 나쁜 습관을 버리기 위해 애를 써야 하는 것이 아니라 새로운 습관을 들이는 것이 필요한 것이다. 이렇게 3개월이 지나자 조금씩 게임에서 벗어날 수 있게 되었다. 게임에서 빠져나오자 이제 공부 방법을 생각하게 되었다. 수학능력 시험까지 남은 기간은 딱 2년이었다.

대학은 가야 하지만 가정형편이 문제였다. 국립대학은 가야 그래도 다닐 수가 있는데 실제 성적으로는 그야말로 '그림의 떡'이었다. 고액 과외는커녕 학원에도 다닐 수 없을 뿐 아니라 학습 기초도 거의 없는 상황이었다. 막막하던 대보에게 희망을 준 책은 고승덕 변호사의 《포기하지 않으면 불가능은 없다》였다. 정말 감동적인 책이었다. 공부는 누가 도와주는 것이 아니라 혼자 하는 것이라는 말에 용기를 얻어 도전하기로 했다. 이때부터 남보다 늦게 공부를 시작했지만 사교육 없이 성공적으로 대학 입시를 치른 사람들의 수기를 찾아봤다. 많은 책을 읽은 결과 그들의 비결은 딱 한 가지로 압축되었다. 생각하는 힘이었다. 열 문제를 푸는 것보다 고민하면서 한 문제를 푸는 게 더 중요했다. 양보다는 질로 승부해야겠다는 생각으로 공부 계획을 세웠다.

사고력은 돈이 아니라 노력으로 생기는 것이다. 초조함을 버리는 것이 우선이었다. 남들보다 늦었기에 남들보다 많이 해야 했다. 하지만 속도가 나지 않았다. 어차피 공부는 혼자 해야 한다고 생각했다. 다른 친구들과 비교하기보다는 현재 실력에 집중해야 했다. 고등학교 1학년 과정에 삼각비, 삼각함수, 삼각방정식 등이 나온다. 하지만 아무리 봐도 이해가 안 갔다. 그래서 중학교 수학 교과서를 다시 꺼내서 공부했다. 중학교 수준의 삼각비가 이해되기 시작했다. 차근차근 공부한 덕에 사고력이 자라나기 시작했다.

공부하는 시간이 남들보다 많은 것은 아니었다. 하루에 3시간씩 자며 공부하는 친구도 있었지만 대보는 항상 5시간씩 잤다. 수면시간을 줄이기보다는 깨어 있는 시간을 효율적으로 활용하는 방법을 택한 것이다. 자신의 방법이 맞는지 확신을 할 수는 없었다. 그러나 친구들을 보면서 서서히 확신을 가지게 되었다. 내신 시험이 있을 때마다 친구들은 밤을 새우며 공부했다. 그런데 성적은 대보보다 좋지가 않았다. 긴 시간 동안 책상 앞에 앉아 있는 것보다는 짧은 시간이라도 집중해서 공부하는 게 중요하다는 걸 깨닫게 된 것이다.

대신 자투리 시간도 허투루 보내지 않았다. 밤에 공부한 학생들은 쉬는 시간에 책상에 엎드려 쪽잠을 자게 마련이지만 대보는 쉬는 시간에도 손에서 단어장을 놓지 않았다. 부족한 영어 단어 실력을 보강하기 위해 단어를 외웠다. 30개의 단어를 하루에 9~10번 보면서 쉬는 시간마다 외운 것이다. 이후 3일, 7일, 30일 간격으로 다시 단어를 암기하면서 완전히 단어에 익숙해지는 연습을 했다. 본격적으로 공부를 하자 내신 성적은 상승세를 유지했지만 모의고사 성적은 쉽사리 오르지 않았다. 2학년 중반까지도 정체 상태였다. 마음이 초조했지만 그동안 기초가 없었기 때문이라 생각하고 마음을 가다듬었다. 담임선생님의 "할 수 있다"는 말에도 용기를 많이 얻었다. 공부를 시작한 지 1년이 지난 고등학교 2학년 중반이 지나서야 모의고사 성적이 오르기 시작했다. 상승폭은 컸다. 50점이던 수학 점수가 75~80점까지 올랐다.

고3이 된 대보는 다시 한 번 공부 방법을 점검했다. 적을 알고 나를 알면 백전백승이라고 했듯이, 수학능력 시험을 정복하기 위해서는 시험을 완벽하게 분석해야 했다. 반드시 문제 안에 답이 있어야 하는 수학능력 시험의 문제 유형과 풀이 방법에 익숙해지기 위해서는 사설 문제집보다는 수능 기출문제집을 푸는 게 효율적이라는 생각을 했다. 고민 끝에 가지고 있는 사설 문제집들을 친구들에게 나눠 주었다. 그의 책상에는 수능 기출문제집과 EBS 문제집만 놓여 있었다. 10년간의 수능 기출문제를 15~20회 정도 풀었다. 반복 또 반복이었다. 그렇다고 무작정 외운 건 아니었다. 문제를 풀 때마다 새로운 복사본으로 풀었고, 문제를 처음 본다는 생각으로 풀어 나갔다. 여러 번 풀다 보니 확실히 생각하는 힘이 길러졌다. 여러 단계를 거쳐야 답이 나오는 어려운 문제를 처음부터 맞히기는 힘들었다. 이런 문제를 반복해서 풀다 보면 처음 풀 때는 1단계까지 갔다면 두 번째 풀 때는 2단계까지 접근할 수 있었다. 이렇게 차츰 단계를 높여 가다 보면 나중에는 여러 단계를 거쳐야 하는 문제도 풀 수 있었다.

한동안 75~80점에서 머물렀던 점수는 3학년 후반이 되자 조금씩 상승하기 시작했다. 수능에서는 상위 0.3% 안에 들었다. 서울대 인문학부 종교학과에 합격했다.

학교 성적을 올리기 위해 학원을 향하고, 잠을 줄여 가며 공부에 매달리는 후배들에게 대보는 EBS 강의를 활용하는 세 가지의 원칙을 이야기한다. 첫째는, EBS 강의를 1시간 들었다면 2시간을 혼자서 공부하라는 것이다. EBS 강의뿐만 아니라 인터넷 강의나 학교 수업, 과외 수업도 마찬가지이다. 수업을 들은 시간의 2~3배 이상의 시간을 할애해서 혼자 공부해야 한다. 대부분의 학생들은 듣기만 한다. 입만 벌린 채 받아먹기만 하는 것이다. 되새김질을 해야 하고 소화를 시켜야 하는데 꾸역꾸역 먹기만 하니 소화불량일 수밖에 없다. 먹은 음식의 영양분이 몸으로 가기는커녕 그냥 흘러 나가거나 막혀 있는 것이다. 반드시 끙끙 앓으며 스스로 문제를 풀고 자신의 것으로 만드는 시간이 필요하다.

둘째는, 버릴 것은 과감하게 버리는 것이다. EBS 교재나 강의가 중요하다고 다 공부할 필요는 없다. 모의고사를 통해 자신의 수준을 파악하고 그 단계부터 시작해 차근차근 공부해야 한다. 그 수준 아래의 강의는 과감히 버리고, 수준 위의 강의는 실력이 쌓였을 때 들으면 된다. 주변 친구들의 분위기에 휩쓸리지 말고 자신만의 길을 가야 한다.

마지막으로 가장 중요한 것은 교과서와 수능 기출문제에 충실하는 것이다. 교과서도 공부하지 않으면서 EBS 교재만 보는 것은 어리석은 짓이다. 수능 기출문제를 모두 풀고 유형까지 분석해 머릿속에 정리해야 한다. EBS 기출문제풀이 강의를 보기보다 혼자서 고민한다면 좋은 결과가 있을 것이다.

대보의 손에는 하버드대 마이클 샌델 교수의 《정의란 무엇인가》가 들려 있다. 대여섯 번은 읽은 책처럼 '손때'가 묻어 있다. 한 번 읽고 지나가지 않고 끝까지 물고 늘어지는 근성. 그것이 대보의 생각의 깊이일 것이다.

공부를 하다 보면 잠도 오고 딴생각도 나게 마련이다. 대보도 마찬가지였다. 하지만 남들과 달랐던 것은 이기려고 애를 썼다는 것이다. 굴복하지 않고 자신이 할 수 있는 방법을 모두 동원하여 이기려고 했던 것이다. 쉴 새 없이 필기를 하고, 무릎을 꿇고 공부했으며, 쉬는 시간에는 홀로 화장실에 앉아 공부했다. 정신이 해이해지는 것을 막기 위해 좌우명을 책상 앞에 붙여 놓고 되새겼다. '혼즉염(魂卽炎)'– 혼이 있다면 불타올라라! 또 다른 세계를 향해 꿈을 안고 혼을 불사르는 이대보! 〈그대가 진정한 국가대표입니다.〉

동아리
활동

제2장 나만의 재능 나눔터 : 동아리 활동

학생들의 자기주도적인 모습을 가장 많이 발견할 수 있는 곳을 고르라고 한다면 단연 동아리 활동이다. 특히 학생들은 축제를 앞두고 자기 동아리만의 기획행사를 준비할 때는 공부도 잊어버리고 사막에서 오아시스를 만난 것처럼 그 준비에 흠뻑 빠져들곤 한다.

"선생님, 우리 아이를 사물놀이 동아리에서 빼 주실 수 없습니까?"

"왜요?"

"글쎄, 아이가 통 공부를 안 하는 거 같아서요."

고등학교에 입학한 후 신입생들 동아리 모집이 끝난 4월 초가 되면 일부 학부모들이 학교에 찾아와 담임선생님에게 이런 부탁을 하는 경우가 종종 있다. 어떤 경우에는 아버지가 직접 찾아와 동아리에서 빼 달라고 협박(?) 아닌 협박을 하는 경우도 있다.

하지만 이제는 달라지고 있다. 동아리 활동이 고등학교나 대학교 진학하는 데 중요한 역할을 하기 때문이다. 동아리 활동이 중요한 이유는 다양하다. 먼저 입학사정관제에서 학교생활기록부의 비중은 날로 높아지는데, 그 공간은 '학교생활의 충실도'가 채우게 된다. 그렇다면 어떻게 하는 것이 학교생활을 충실히 하는 것일까.

학업을 충실히 하는 것은 기본이고, 각종 동아리에 참여해 왕성한 활동을 하는 것이 그다음이다. 학생들은 다양한 활동과 체험을 통해서 자신만의 고유한 색깔을 만들어 내고, 그것이 그 학생의 '강점'이 되는 것이다.

동아리는 여러 개념으로 이해할 수 있다. 동아리 활동, 학생회, 각종 운영위원회 활동, 봉사단 활동 등이 넓은 의미에서 동아리 활동으로 인정된다. 고등학교나 대학의 입학사정관은 학생이 어떤 활동을 했느냐에 주목하기보다는 그 활동을 통해 어떤 리더십 역량을 길렀는지, 자신의 전공에 대해 깊이 이해했는지를 평가한다.

동아리 활동은 리더십, 팀워크, 창의성 등을 한 번에 보여줄 수 있기에 중요한 활동으로 인식되고 있다. 특히 몇몇 대학은 '리더십 전형'으로 학생을 선발하는 경우도 있기에 동아리 활동에서 눈에 띄는 성과를 보인 학생은 '리더십 전형'으로 명문대 합격을 노려볼 수 있다. 남들과 점수 경쟁에서 이길 자신이 없다면 다른 분야로 눈을 돌리는 것이 현명한 선택이다. 특히 동아리 활동은 시간과 노력을 투자한 만큼 빛을 볼 수 있는 분야이기에 승산이 있다.

자신이 선택한 진로에 도움이 되는 동아리 활동은 다른 학생들이 수업시간에 배우지 못한 특별한 능력을 쌓게 해 준다. 입학사정관들은 지원자가 해외연수 · 봉사 활동 등 화려한 경력을 쌓은 것보다 지원자가 스스로 노력해 얻은 능력을 높게 평가한다는 사실을 기억해야 한다.

교내에 활동하고 싶은 동아리가 없다면 새로운 동아리를 만들어 보는 것도 좋다. 물론 시작은 비공식 동아리이겠지만, 어느 정도 회원이 모이고 자리를 잡는다면 학교에서도 인정하는 동아리로 거듭날 수 있다. 동아리의 목표와 성과에 대한 구체적인 구상과 확신이 있다면 불가능하지 않다.

학교 밖으로 눈을 돌리면 무궁무진한 연합동아리가 기다리고 있다. 연합동아리의 장점은 학교보다 좀 더 넓은 무대에서 동아리 활동을 하는 것이다. 또한, 보통 교내에는 전통적인 활동 위주의 동아리가 많다면 연합동아리는 시대의 흐름을 잘 읽어낸 '핫'한 동아리도 속속 생긴다는 것도 장점이다. 연합동아리를 찾고 싶다면, 전국 각 지역의 '동아리 연합' 사이트를 검색하면 된다.

서로 관련이 없어 보이는 진로와 동아리 활동의 '연관성'을 찾는 것이 가장 중요하다. 스포츠를 통해 배운 팀워크와 리더십으로 앞으로 세계무대에서 활약할 '리더'로서의 자질을 키웠다고 입학사정관에게 자신을 어필할 수 있다는 것이다. 또한 이와 함께 스포츠대회에서 수상을 했다거나 특별한 이벤트가 있었다면 더욱 좋은 것은 말할 것도 없다.

이제는 중·고등학교 시절에 이토록 재미있고 열정적으로 참여했던 동아리 활동이 자기소개서에 기록할 수 있는 훌륭한 이야기가 되고 있다. 이 동아리 활동이 대학교에서 자기 전공으로 이어진다면 금상첨화일 것이다. 동아리 활동은 부모님이 생각하시는 공부 실력 향상과 견줄 수 있을 정도의 소중한 자산이다. 여기에 대한민국 대표 동아리 활동을 한 학생들의 이야기보따리를 풀어 놓으려 한다. 다른 이들의 이야기보따리가 이 글을 읽는 독자들의 이야기로 채워지기를 바라면서…….

미래의 언론은 우리가 접수!

고교생 PASS 기자단

"영훈아, 이제 고3인데 대학은 정했니?"

모의고사를 며칠 앞두고 영훈이와 효훈이는 토요일인데도 학교에 나와 교실에서 자율학습을 하고 있다. 강제는 아니지만 대부분의 아이들이 나오다 보니 나오지 않으면 왠지 뒤처질 것 같아 불안해서 오늘은 맘먹고 나온 셈이다. 지난주에는 축구선수에서 가수로 변심한 K-POP 스타를 취재하느라 제대로 공부를 할 수 없었다. 지난주에 못다 한 공부를 하느라 머리가 묵직해짐을 느낀 효훈이가 영훈에게 점심시간에 잠깐 만나자고 카톡을 보내왔다. 지난주에 같이 취재하고 곧바로 기사를 작성하여 보내곤 주중에 한 번도 만나지 못했던 터라 지난주에 나누다 만 대화의 물꼬를 효훈이가 먼저 열었다.

"드디어 부모님과 함께 언론정보학 쪽으로 진학하는 것으로 결정했어."

"그래? 축하한다. 드디어 퓰리처상 대열에 오를 수 있는 기회를 가지게 되는구면."

영훈이는 중학교 때부터 사진 찍기를 좋아했다. 삼촌이 어깨에 메고 다니던 캐논 카메라의 묵직한 셔터 소리에 매료되어 초등학교 때부터 모은 용돈을 탈탈 털어 올림푸스 DSLR 카메라를 장만한 이후 사진반 동아리 활동을 해 왔다. 한 달에 한 번씩 동아리 멤버들과 산과 들로, 때론 고궁을 찾아다니며 셔터를 눌러댔다. 빛의 양에 따라 달라지는 사물의 질감, 각도에 따라 달라지는 느낌들을 맛보며 사진의 세계에 빠져 사진작가가 되고 싶은 꿈을 가졌다. 고등학교에 올라와서도 교내 사진동아리에 가입해 활동을 이어왔다. 고등학생이 되면서 진로에 대해 좀 더 많은 생각을 하고, 친구들과 이야기를 나누다 보니 점점 언론사의 사진기자에 관심을 갖게 되었다.

학교에 교내신문이 있긴 하지만 이미 사진기자 부분을 담당하고 있는 친구가 있었다. 하는 수 없이 영훈이는 인터넷을 통해 고등학교 때부터 사진기자로 활동할 수 있는 방법을 찾게 되었다. 때마침 인터넷에서 고등학생들을 위한 국내 유일의 주간신문인 PASS를 알게 되었다. Passion(열정), Achievement(성취), Study(공부), Success(성공)의 머리글자들을 딴 PASS란 이름이 먼저 영훈의 마음을 사로잡았다. 또한 국내의 이름 있는 신문사의 교육법인이 만들었고, 고등학생을 위해 정보를 제공하고, 서로 소통의 공간이 된다는 점이 좋았다. 이미 전국에서 1000여 명의 학생들이 활동하고 있었다. 홈페이지를 통해 회원가입을 한 뒤 먼저 자기소개서를 간단하게 작성하고 파일로 저장해 둔 사진을 가져다 붙였다. 담임선생님의 이름과 연락처를 기록할 때는 미리 선생님께 말씀드리지 못해 죄송하기까지 했다.

사실 사진만 찍으면 되는 줄 알았는데 미션이 엄청난 부담으로 다가왔다. 수습기자로 임명되자마자 자신이 원하는 달을 정해 한 달 동안 거의 10가지 정도의 기사를 작성해야 했다. 마침 중간고사가 눈앞에 다가온 상황이라 영훈이는 시험이 없는 달을 골라 미션을 완성하기로 했다. 결국 5월로 정했다.

5월이 되어 먼저 학교에서 일어나는 여러 사건들을 500자 내외로 6회 정도 작성해야 했다. 영훈이는 평상시에는 학교에 카메라를 들고 오지 않는데 학교에서 일어나는 기상천외한 사건부터 사소한 일들까지 관심을 가지고 사진을 찍어야 했기 때문에 묵직한 카메라를 어깨에 메고 다녀야 했다. 학교에서는 영훈이가 무슨 기자라도 된 듯, 일이 생기면 호출을 하였다. 그러던 중에 만난 친구가 바로 효훈이었다. 같은 반은 아니지만 몇 번 운동을 같이해서 몇 반인지는 아는 사이였다. 그날도 스승의 날 행사에 관해 촬영을 하고 있었다. 사진을 다 찍고 돌아서는데 효훈이도 휴대전화로 사진을 찍고 있었다. 사진을 찍는 학생들이 거의 없었기 때문에 효훈이가 사진을 다 찍기를 기다렸다가 돌아서려는 효훈이의 어깨를 툭 쳤다.

"뭐에 쓰려고 찍어?"

"으응, 나도 기자야."

"학교신문 기자는 아니잖아?"

"PASS라는 고등학생 전문 주간신문이 있어."

"뭐? 지금 PASS라고 했니?"

"응."

"언제부터 활동했는데?"

"이번 달부터 시작했어."

"이상하다. 우리 학교 소식은 한 번도 본 적이 없는데?"

"응. 그동안 망설이다가 습작으로만 그쳤었어. 너도 안 올렸잖아?"

"나도 마찬가지야. 다른 친구들이 올린 글을 보니까 도무지 용기가 나지 않아서 말야. 그냥 사진만 찍고 대충 글을 써 봤는데 우리 학교는 특별한 뉴스거리가 없더라고. 그런데 오늘 스승의 날 행사는 뭔가 특별해서 조금 자세히 사진을 찍었던 거야."

"나도 네가 사진기를 들고 다니는 것은 봤는데 우리 학교 소식이 없어서 학교신문에서 활동하고 있다고 생각했지."

"잘됐다. 우리 서로 상부상조하기로 하고 각자 관심 있는 부분을 취재해서 기사를 작성해 보도록 하는 게 어때?"

"좋은 생각이야. 일단 난 사진을 잘 짝지 못하니까 주로 학교에서 친구들의 생활상에 대해 집중적으로 기사를 작성해 보도록 할게."

"그래. 그럼 난 학교 행사에 관해 집중적으로 사진을 찍을 테니 네 의견을 이야기해 줘. 그리고 동아리들을 찾아다니면서 집중적으로 취재해 보도록 할게. 우선 우리 사진 동아리부터 소개해 볼까 하는데."

"그것 참 흥미롭겠다. 그럼 우리가 자주 만나야 하지 않겠니?"

"맞아. 정기적으로 만나서 각자 취재한 자료를 정리하고 의견을 나눠 보면 좋을 것 같다. 언제 만나면 좋겠니?"

"음, 점심 먹고 나서 저기 등나무 아래에 있는 벤치에서 만나면 어떨까?"

"얼마나 자주 만나면 좋겠니?"

"당분간은 매일 만나야 하지 않을까? 정기자로서 미션을 완수하려면 매일 준비해도 부족할 것 같은데."

"그래 맞다. 그럼 이제까지의 자료를 정리해서 내일 점심시간에 거기서 만나기로 하자."

"좋아. 내일 보자."

"그래. 내일 봐."

다음날부터 영훈이와 효훈이는 매일 점심시간마다 만나서 정기자에게 주어진 미션을 완성하기 위해 자신들이 취재했거나 작성한 기사를 가지고 나와 서로의 의견을 나누고 자신의 기사를 정리하여 주말에

PASS에 들렀다.

기자단에 가입하여 수습기자가 되면 그 후 정기자로서의 미션을 수행해야 한다. 첫 번째 미션은 자신이 다니는 학교에 대한 기사를 6회 정도 작성해야 한다. 두 번째 미션은 'PASS를 인터뷰하라'이다. PASS를 인터뷰한다는 것은 PASS를 읽고 있는 친구의 사진을 찍고 PASS에 대한 의견이나 소감을 들려주는 것이다. 영훈이와 효훈이는 처음이라 PASS를 읽고 있는 친구들을 발견할 수 없었다. 그래서 PASS에 들러 학교로 신문을 보내 달라고 요청했다. 아울러 신문을 10여 부씩 가지고 와서 학교의 친구들에게 나눠 주었다. 그중에서 한두 명의 친구들이 신문을 읽고 있거나 신문을 들고 있는 모습을 사진으로 찍고 신문에 대한 의견을 물어보았다. 친구들은 대부분 고등학생 전문 주간신문이라는 것에 관심을 가졌고, 정기적으로 받아 볼 수 있는지를 물었다. PASS는 전국 고등학교나 대형학원에 사전배포 허가를 받은 후 담당 선생님께 매주 배송된다. 영훈이는 담임선생님께 허락을 구해 구독신청을 하였다. 결국 영훈이네 학교 학생들은 원하는 사람은 누구나 매주 화요일이면 주간신문을 받아 보고 있다.

세 번째 미션은 우리 학교 선생님을 소개하는 것이다. 영훈이는 담임선생님을 소개하기로 했다. 어찌된 인연인지 영훈이는 1학년과 2학년 2년 동안 같은 선생님이 담임을 맡으셨다. 담임선생님은 원래 계속 1학년만 맡으셨다가 2학년으로 학년을 바꾸게 되었는데, 1학년 때 같은 반이었던 6명이 또 같은 반이 되었다.

　담임선생님은 턱 밑에 큰 흉터가 있었는데, 무척 특별한 듯하여 담임선생님을 취재하기로 한 것이다. 그런데 막상 취재를 해 보니 특별한 것이 없었다. 선생님은 고등학생 시절 온갖 모험을 좋아하셔서 주말이나 방학이면 전국의 산들을 누비셨다고 했다. 그래서 결국 지리 선생님이 되셨고, 수업시간에 각 지역의 습생에 대해 말씀하실 때면 너무나 생생하게 말씀하셨던 것이다. 마치 전국이 고향인 것처럼 각 지역의 사투리를 능수능란하게 구사하셨다. 턱 밑의 상처도 고등학교 시절 등산을 하다 넘어져 생긴 상처라고 하셨다. 사실 선생님은 가끔 수업시간에 예전에 한주먹 하셔서 5:1의 혈전으로 생기신 상처라고 말씀해 주시곤 하셨는데 기사가 나가고 나서 사실을 털어놓으셔야 했다.

　하지만 선생님은 자신이 좋아하는 것을 바탕으로 꿈을 찾으셨고, 수업시간에 들려주시는 각 지방의 사투리 때문에 자칫 지루할 수 있는 한국지리 시간이 늘 웃음으로 넘쳐났던 것이다. 기사가 나가고 난 후 선생님은 수업시간에 가끔 자신이 좋아하는 일을 하게 될 때 느낄 수 있는 행복에 대해 말씀해 주시곤 했다.

　정기자의 마지막 미션은 친구 1명을 소개하는 것이다. 특별한 취미나 특기를 가졌거나 자신의 꿈을 위해 노력하는 친구들을 소개하는 것이다. 영훈이는 같은 반은 아니지만 1학년 때 같은 반이었던 형우를 소개하기로 했다. 형우는 1학년 때 처음 알게 된 옆자리 친구였다. 처음에는 무척이나 꺼려지는 친구였다. 어릴 때부터 틱 장애가 있어서 수시로 고개가 이상한 각도에서 움찔거렸고, 친구가 거의 없어서 늘 혼자 있었다. 학교에 와서 공부를 한다기보다는 잠을 자기 위해 학교에 오는 것 같았다. 1교시가 끝나기도 전에 엎드려 자기 시작했고, 점심시간에 잠시 일어나고 집에 갈 때쯤 가방을 챙길 때 부스스한 눈을 뜨는 친구였다.

한동안 말도 섞지 않았는데 체육시간이 든 어느 날, 감기 기운이 있어서 양호실에 갔다가 운동장에 나가지 않고 교실에 있게 되었는데, 그때도 형우는 혼자 책상에 엎드려 잠을 자고 있었다. 교실 문을 여는 소리에 잠이 깬 영우는 게슴츠레한 눈빛으로 영훈이를 바라보았다. 형우의 눈을 피해 자리에 앉아 엎드리려고 하다가 문득 말을 걸어 보았다.

형우는 처음 얼마 동안은 똑바로 쳐다보기가 민망할 정도로 고개를 움찔거렸다. 이야기를 해 본 결과 형우의 형편은 딱하기 그지없었다. 학교에서 잠을 자는 이유는 밤에 전혀 잠을 자지 못하기 때문이라고 했다. 자신의 의지와는 상관없이 움찔거리고 증세를 멈추기 위해 약을 먹지만 소용이 없다고 했다. 심한 날에는 어쩔 수 없이 포도주를 한 모금 정도 마신다고 했다. 결국 밤에 잠을 못 자니까 자신의 장애를 잊어버릴 수 있는 수단으로 컴퓨터 프로그램에 대해 혼자 배우기 시작했다고 했다. 혼자 배운 프로그램이 어느새 전문가 수준이 되었고, 온라인상에서는 얼굴 없는 존재이기는 하지만 꽤나 알려져 있다고 했다. 벌써 이곳저곳에서 홈페이지를 만들어 달라고 한다고도 했다.

그날 이후 영훈이는 형우를 통해 포토샵에 대해 조금씩 배우게 되었다. 형우와 이야기를 나눌 기회가 있을 때마다 영훈이는 사진 찍는 기술이나 사진에 관한 이야기를 해 주었고, 그럴 때마다 형우는 사진을 일러스트에 활용하는 방법들에 대해 이야기해 주었다. 형우는 장차 대학에 진학할 수 있을지 미지수이지만 일러스트를 활용한 유익한 게임 프로그램을 만드는 사람이 되겠다고 했다. 기사가 나간 뒤 형우는 카페를 만들어 동호회 활동을 하고 있었다. 입학사정관제로 대학에도 도전해 볼 생각을 하고 있다.

영훈이와 효훈이는 5월 한 달을 열심히 뛰어다닌 덕택에 정기자에 임명되었다. 그 후 4개월 동안 학교소식을 10회 이상 올려야 했고, 취재를 6회 정도 하였다. 다행히 기삿거리가 흥미롭고 친구들에게도 도움 될 수 있는 내용이 있어서 2회 정도 지면에 실리게 되었다. 교장선생님께서는 영훈이와 효훈이를 불러 덕택에 학교가 빛나게 되었다며 칭찬을 해 주시기도 했다.

수석기자의 미션에는 3회 이상 오피니언을 작성하는 것도 있다. 자신의 생각을 논리적으로 전개하는 것은 쉽지 않았다. 하지만 국어 수업과 논술 수업을 통해 배운 방법을 잘 활용하여 작성했더니 이 또한 지면에 실리게 되어 결국 효훈이와 함께 수석기자에 임명되었다. 기자 임명은 매달 있었다. 5월에 시작된 기자 활동은 지난해 10월에 수석기자 임명장과 기자증을 받는 영광을 얻게 되었다.

수석기자로 활동하면서 연예인을 취재할 수 있는 기회를 갖기도 했다. 영훈이는 기사를 작성하는 점점 자신만의 노하우를 터득하게 되었다. 기자에게 가장 중요한 것은 팩트이다. 다른 친구들은 '사실' 또는 '진실'이라고 말하지만 언제부터인가 영훈의 입에도 '팩트'라는 단어가 익숙해졌다. 기사를 쓸 때 가장 중요한 것이 팩트에 입각해서 써야 한다는 이야기는 귀에 못이 박히도록 들은 것이다. 펜을 꺾지 않는다는 의미도 이제는 알 것 같았다. 진실된 내용은 어떤 압력이나 고초에도 굴하지 않고 사실 그대로를 적는 것이 기자의 사명이라고 누누이 들어왔다. 그 덕택에 기자라는 직업에 더욱 매력을 느끼게 된 것 같다.

자신의 생각을 적는 것이 아니라 있는 사실을 가감 없이 적어야 하기 때문에 영훈이가 자신의 몸처럼 생각하는 것 3가지가 있다. 녹음기로 사용하는 휴대전화와 수첩 그리고 카메라이다. 사건이 진실하고 믿을 수 있다는 것을 보여 줄 수 있는 수단이 바로 사진이다. 그래서 영훈이는 그동안 예술로만 여겨 왔던 사진촬영을 이제는 진실을 알리는 유용한 도구로 생각하고 있다.

다음주에는 PASS 기자단 활동을 바탕으로 입학사정관제로 대학에 합격한 선배를 인터뷰하기로 되어 있다. 고등학교 3학년임에도 불구하고 틈틈이 취재하고 꾸준히 기사를 작성하여 유명한 대학에 창의인재 전형으로 합격한 선배이다. 미래의 언론인을 꿈꾸며 자신의 영역에서 열심히 활동하면 좋은 결과를 얻을 수 있는 것이다.

고등학생들을 위한 국내의 유일한 주간신문인 PASS에서 자신의 생각으로 세상을 만들어 나가는 PASS 고교생 기자단! 〈그대들이 진정한 국가대표입니다.〉

젊은 감각으로 문화재를 설명해요

청소년 문화재 해설사

"이곳은 고종이 커피를 마시던 곳이에요. 우리나라 최초의 커피가 이곳에서 시작된 거죠."

"당시에는 커피를 양탕국이라고 불렀대요."

덕수궁 정관헌 앞에 다다르자 두 소년이 누가 먼저랄 것도 없이 주고 니 받거니 설명을 시작했다. 초등학교 5학년인 재훈이와 6학년인 준모 는 어른들도 어려워하는 문화재에 대한 정보를 우리나라 말과 영어로 유창하게 설명하고 있다. 리틀 문화재 해설사이다.

재훈이와 준모는 국제교류문화진흥원(www.icworld.or.kr) 산하 청 소년문화단의 초등학생 문화재 해설사로 활동한다. 주말이면 청소년 문화 단복을 입고 활동한다. 200여 명의 초등학생들이 문화재 해설사로 활동하고 있다.

국제교류문화진흥원은 목적 자체가 우리나라의 문화유산을 외국인들에게 알리고 국제교류를 추진하는 단체다. 그리고 글로벌리더 양성이라는 목적에 맞게 청소년 단체로 시작한 것이 청소년문화단이다. 서울 지역의 고궁이나 박물관에서 외국인들을 대상으로 해설 활동을 진행하고 있다.

문화재 해설사는 처음에는 서대문형무소 역사관에서 해설 활동을 했다. 지금은 경복궁을 중심으로 자랑스러운 문화유산을 알리는 데 중점을 두고 있다. 기본적으로는 외국인에게 영어로 해설을 해 주는 것이 주된 내용이다.

문화재 해설사가 되기 위해서는 전문적인 지식이 필요한 부분이라 기본적으로 역사 교육도 받아야 하고, 이 내용들을 외국인들에게 전달해 주기 위해 외국어 교육도 받아야 한다. 국제교류문화진흥원 산하에 '마리이야기'라는 교육센터에서 해설사 과정을 마치면 시험을 치르고, 테스트에 합격한 사람에 한해서 해설 활동을 하게 된다.

영어를 가장 기본으로 하는 만큼 간혹 유학을 갔다 온 학생들도 있다. 하지만 영어를 잘한다는 점이 문화유산 해설사로 활동할 수 있는 절대조건은 아니다. 영어를 잘한다고 해서 우리 역사를 잘 아는 것이 아니기 때문에 반드시 역사 교육을 따로 받아야 한다.

외국인들에게 우리 문화유산을 소개하다 보면 기본적으로 우리나라에 대한 역사인식이 잘못 알려져 있는 경우가 많다. 예를 들면 우리나라가 중국의 문화를 모방했다, 또는 일본보다 수준이 떨어진다고 생각하는 경우 등이다. 문화재 해설 활동을 하면서 궁극적으로 얻고자 하는 것은 우리나라 문화가 고유한 것이고, 이 고유한 문화를 바탕으로 우리가 외국에 전해 준 문물이 더 많다는 것을 알리고, 조선에 대한 부정적 인식을 바꾸는 것이다.

문화재 해설사로 활동하는 많은 아이들은 모두 영어로 해설할 만큼 영어 실력도 수준급이다. 하지만 처음부터 영어를 잘했던 것은 아니다. 대부분 저학년부터 시작하기 때문에 알파벳이나 간단한 인사 정도를 하는 수준에서 시작한다. 해외연수나 사교육 없이 영어와 역사를 배우는 경우가 많다. 우리 문화재를 많은 사람에게 설명하고 싶다는 마음이 역사와 영어 공부를 하게 만든 것이다. 요즘 말하는 자기주도학습의 동기부여를 문화재 해설사라는 역할이 만들어 준 셈이다.

한국을 찾은 외국인들에게 한국의 것을 하나라도 제대로 설명할 수 있으려면 그들과 소통이 가능한 수준의 영어를 해야 한다. 하지만 처음부터 영어를 잘해야 한다는 조건은 없다. 역사 관련 낱말카드나 간단한 생활영어부터 시작하면 누구나 할 수 있다. 한국사 검정능력시험의 여부는 상관없지만, 많은 아이들이 자연스럽게 한국사 검정능력시험 3~4급을 준비하게 된다.

청소년 문화재 해설사들의 활동지는 서울 시내 고궁 및 박물관 등으로, 경복궁은 반드시 활동해야 하는 필수 코스다. 암사동 선사주거지, 덕수궁, 서울교육박물관, 서대문형무소 역사관, 교육사료관, 태강릉(조선왕릉전시관) 등에서 활동하고 있다. 활동시간은 선택지마다 다르지만, 짧게는 50분 코스부터 시작해 길게는 3시간 코스까지 소화해 내고 있다.

이제 막 시작하려고 한다면 문화재와 관련된 쉽고 재밌는 책부터 접하면 좋을 것 같다. 문화재 해설사가 되는 길이 쉽지는 않지만 그만큼 보람도 크다. 서울을 비롯한 다른 지역에서도 청소년 문화재 해설사를 양성하는 교육과정들이 생겨나고 있다. 문화재는 조상들이 남긴 역사적인 예술 작품이요 오늘을 살아가는 우리의 역사적인 보물이다. 조상의 문화유산에 대한 자부심을 갖는다는 것 자체만으로도 의미 있는 활동이다.

문화재 해설사로 활동하는 학생들의 꿈은 다양했다. 하지만 그들의 꿈은 결코 우리나라에만 머물러 있지 않았다. 대부분 세계를 무대로 자신의 꿈을 펼쳐 나가길 원하고 있었다. 우리 문화재에 대한 자부심을 안고 세상으로 나가는 아이들의 모습에 가슴이 벅차오른다.

많은 외국인들에게 우리 문화재를 알리는 민간 외교관으로 활약하는 청소년 문화재 해설사! 〈그대들이 진정한 국가대표입니다.〉

외교관이 진정한 국가대표다

청소년 유엔총회

"Ladies and gentlemen from all over the world! Good afternoon.

I'm Suhyun Lee, studying at Jinmyeong Girls' highschool.

In this time, I'm going to play Peter Hansen who is a Denmark ambassador."

차분하면서도 자신감 있는 목소리가 장내의 스피커를 통해 흘러나갔다. 오늘은 수현이가 아닌 덴마크의 대사로 유엔총회에 서 있다. '기후변화 대응 및 환경보호'라는 이슈를 가지고 나라를 대표하여 섰다. 안데르센 동화의 나라이고 예쁜 튤립의 나라이지만 고도가 평균 해발 30m 이하인 나라다. 덴마크에서 가장 높은 산의 높이가 해발 173m밖에 되지 않는다. 따라서 기후변화에 너무나 민감할 수밖에 없다.

수현이의 얼굴엔 기후변화를 더 이상 바라만 볼 수 없는 덴마크 국민의 결의로 가득 차 있었다. 유엔총회! 언젠가는 모의 유엔총회가 아니라 우리나라를 대표하는 외교관으로 실제 유엔총회 자리에 참석하고 싶은 것이 수현의 꿈이다.

2011년 1월 15일!

잊을 수 없는 날이었다.

연단에 선 자신의 모습을 보는 미래의 외교관들의 눈빛은 마치 어둠 속에서 빛나는 불빛과도 같았다. 기후변화에 대한 지식도 많이 쌓였을 뿐만 아니라 각국의 입장에서 바라보는 기후변화에 대한 시각은 무척 다양했다. 그날의 생생한 열기를 느끼고 있는데 성현과 채영이 함께 가게 문을 들어서고 있었다. 웃으며 들어오는 두 사람을 향해 손을 흔들었다.

"어떻게 같이 와?"

수현이 의아한 표정으로 물어보았다.

"응, 요 앞에서 만났어."

같은 학년인 성현이는 고3이 겪는 스트레스를 받지 않는지 얼굴에 환한 미소가 넘쳐났다.

"오빠는 고3 맞아요? 우리 오빠는 고3 되고 나서부터는 영 말이 아닌데……."

중학교 3학년인 채영은 성현 오빠를 아주 이상한 듯 바라보았다.

셋은 지난해 사단법인 한국시민자원봉사회 청소년봉사단연맹에서 주최한 제1회 청소년UN총회에서 만났다. 다들 쟁쟁한 실력을 가지고 있었는데, 수현의 주장이 심사위원들의 눈길을 좀 더 끌었는지 수현이 최우수상을 받았다. 성현과 채영은 우수상을 받았다.

평소에는 어머니들의 봉사 활동 단체인 '샤프론'을 통해 각자의 학교에서 봉사 활동을 했지만 청소년 유엔총회를 통해 얼굴을 알게 되었다. 몇 마디 주고받던 중에 서로의 꿈이 같은 방향을 향하고 있다는 것을 알게 되었고, 그 후 정기적으로 한 달에 한 번 만나게 되었다. 처음엔 단순히 외교관이 되겠다는 생각에서 서로에게 도움이 될 것 같아 수현이 제안한 것이었다. 하지만 막상 한 달에 한 번씩 만나다 보니 꿈은 같지만 서로 가는 방법은 많이 다르다는 것을 알게 되었다.

처음에는 청소년 UN총회에서 주제로 잡은 '기후변화 대응 및 환경 보호'에 관한 이야기를 주로 나누었다. 3명의 공통된 특징은 영어를 좋아하는 것이었다. 해외에 오래 머물러 보지는 않았지만 방학을 통해 어학연수도 다녀왔고, 어릴 적부터 영어에 관심이 많았다. 그러다 보니 자연스럽게 영어로 된 책을 좋아하였고, 영어권 나라의 문화를 많이 접하게 되었다. 공부하는 방식은 조금씩 달랐지만 영어를 좋아한다는 점은 같았다. 영어를 잘해서 영어를 좋아하는지, 영어를 좋아해서 영어를 잘하는지에 대한 결론은 내리지 못했지만 다들 영어를 좋아했다.

영화를 보는 것도 좋아하고, 미드(미국 드라마)도 좋아했다. 시간이

날 때마다 네셔널지오그래픽의 다큐멘터리도 즐겼고, 원서로 된 소설을 즐겨 읽기도 했다. 그래서인지 시간이 날 때 여유시간을 보내는 것에서 공통점이 많아 한 달에 한 번 만나는데도 만난 지 얼마 지나지 않은 친구들처럼 이야기꽃을 피우기 십상이었다. 만약 청소년 UN총회가 있기 전에 만났다면 더 좋은 결과를 만들어 내지 않았을까 하는 생각도 해 보았다.

꿈이 있는 사람은 그 꿈을 이루기 위한 과정을 즐기게 마련이다. 수현과 성현은 고등학교 2학년이었지만 대회를 준비하기 위해 학교 도서관에서 관련된 자료를 찾아보았고, 인터넷을 통해 각 나라의 환경적 특징과 기후변화에 관한 자료를 수집하였다. 찾아본 자료는 수십 페이지에 달했지만 실제 연설문은 1페이지에 담아야 했다. 무엇보다 어려운 점은 자신이 맡은 나라의 특징을 정확하게 파악해야 했고, 자국의 국민을 대변해야 하는 입장을 이해하는 것이었다. 자신의 의견을 밝히는 것이 아니라 자신의 나라를 대표해야 하는 책임감은 실로 엄청난 것이라는 것을 세 사람 모두 느낀 것이었다.

자신이 곧 국가의 격을 나타내는 것이기에 용어 하나를 선택하는 것도 쉽지 않았다. 단어 1개와 한 문장의 중요함을 느낄 수 있는 기회이기도 했다. UN총회는 유엔의 전 회원국 대표로 구성되는 유엔 최고기관이다. 또한 UN총회는 국제평화와 안전유지, 국제협력의 촉진, 신탁통치 등 헌장의 범위 안에 있는 모든 문제 또는 사항에 대하여 심의 또는 권고할 수 있다.

정기총회는 연 1회로 9월 셋째 화요일에 열리지만, 특별한 안건이 있을 경우에는 특별총회 또는 긴급총회가 소집된다. 특별총회는 안전보장이사회의 요청 또는 국제연합회원국 과반수의 요청이 있을 때 사무총장이 소집한다. 바로 반기문 사무총장이 소집하는 것이다. 각 회원국은 5명의 대표와 5명의 교체대표를 가질 수 있으며, 1국 1표를 갖되 평등의 원칙을 취한다.

한 장의 짧은 연설문을 작성하고 많은 사람 앞에서 발표하는 것은 어려운 일이었다. '인내는 쓰나 열매는 달다'는 속담이 있듯이, 대회를 마치고 느낀 기쁨은 달콤할 뿐 아니라 하늘을 날아가는 기분이었다. 황홀한 기분으로 끝내기 싫어서 세 사람은 만났고, 서로의 꿈을 향해 조금씩 다가가고 있는 것이다.

"수현아, 너는 이제껏 어떤 활동을 해 왔어?"

처음 만났을 때 성현이 물었던 질문이다.

"음, 내 꿈은 지난번에 말했던 것처럼 외교관이 되는 거야. 나는 정도를 가는 것을 좋아하지. 우선 대학에서 정치외교학을 전공하고, 졸업하기 전에 국립외교원에 들어갈 거야."

"국립외교원? 그게 어딘데?"

채영은 금시초문이라는 눈빛으로 수현을 바라보았다.

"응, 이제까지는 외교관이 되려면 우선 외무고시라는 시험에 합격

해야 했잖아. 그런데 2014년부터는 외무고시가 없어지고 외교관을 전문적으로 양성하는 외교관 사관학교라고 할 수 있는 전문교육기관이 생긴다고 해. 그게 국립외교원이야. 2013년 9월에 60명 정도를 선발해서 일 년간 교육한다던데?"

수현이 대신 성현이가 속사포처럼 말을 내뱉었다.

"맞아. 60명을 선발해서 40명이 최종적으로 합격하게 되는 거지."

수현은 채영의 반짝이는 두 눈을 바라보며 대답했다.

"그렇구나. 그럼 이제 외무고시는 없어지는구나. 나도 국립외교원으로 가야겠네?"

수현의 말을 듣기가 무섭게 채영은 혼잣말처럼 작은 소리로 말하고 조그마한 손수첩에 국립외교원이라는 말을 적어 넣었다.

"그래서 이제까지는 어떤 준비를 했어?"

성현이 다시 물었다.

"그러니까 국립외교원에 들어가기 전에 대학에 들어가야 하잖아? 정치외교학과에 들어가기 위해 공부도 열심히 해야겠지만 내 꿈을 위한 나만의 스토리를 만드는 것이 중요하다고 생각해."

"언니만의 스토리? 어떤 스토리가 있는데?"

채영이 또다시 눈을 반짝이며 입을 열었다.

"응, 난 국제봉사와 국제교류 활동을 주로 해 왔어."

"국제교류와 국제봉사? 고등학생이 할 수 있는 국제봉사와 국제교류에는 어떤 것들이 있지?"

"고등학생이 아니라 중학생도 할 수 있는 것들이 많아. 사실 난 중학교 1학년 때부터 지금까지 거의 5년 동안 활동해 왔어."

"뭐라고? 중학생도 그런 활동을 할 수 있단 말야? 그게 뭐야? 언니, 빨리 말해 줘 봐."

중학생이라는 말에 채영이 더 안달이 났다.

"응 RCY라고 들어 봤지?"

"우리학교에도 있어. 적십자를 말하는 거잖아?"

"그래 RCY는 Red Cross Youth, 즉 청소년적십자연맹을 말하는 거야. RCY는 크게 4가지 활동을 한다고 할 수 있어. 보건 활동과 봉사 활동, 국제친선과 교류, 그리고 적십자운동의 기본 원칙을 알리는 일이야. 그중에서 나는 국제교류에 관한 것에 가장 많은 관심을 가지고 있고 그런 활동에 많이 참여해 왔지."

수현이는 지난 몇 년간의 활동을 떠올리며 흐뭇한 표정을 지었다.

"언니는 언제 그런 활동이 있다는 것을 알게 되었어?"

"응, 사실 난 초등학교 때부터 외교관이 되는 게 꿈이었어. 그래서 중학생이 되자마자 국제적인 활동과 관련된 단체를 찾게 되었고, 담임 선생님께서 RCY 지도교사인지라 적극 추천해 주셨지. 채영이 너는 이 제껏 외교관이 되기 위해 어떤 활동을 했는데?"

"딱히 무슨 활동을 했다고는 할 수 없어. 엄마가 학교에서 샤프론 봉사 활동을 하셔서 주로 캠페인 활동에 참여한 게 전부인 것 같아. 아빠가 초등학교 4학년 때 중국에 있는 회사로 가시게 돼서 사실 2년 가까이 중국 상하이에서 학교를 다녔었거든. 그런데 그때 학생들이 보는 교민신문에서 학생기자가 작성한 직업탐구에 관한 인터뷰 기사를 읽게 되었지. 인터뷰 대상이 외교관이었는데 마침 상하이 총영사관의 영사님이셨어. 대사라는 단어는 들어 봤어도 사실 난 그때 처음 '영사'라는 단어를 들어 봤기 때문에 자세히 읽게 됐는데 알고 보니까 중국에는 하나의 대사관과 2개의 영사관이 있더라고. 대사관은 국가 대 국가 간의 일을 담당하는 곳으로 중국에는 수도인 베이징에 있었어. 외교관은 우리나라를 대표해서 우리나라의 이익을 얻을 수 있도록 하는 것이 주요 목표인데 반해, 영사는 주로 우리나라 교민들을 보호하고 기업의 경제활동을 위해 중국 정부와 협상하는 일 등을 하는 게 다르더라고.

외무고시에 합격해서 외교관이 되면 몇 년간 외교관 어학연수를 받은 후 우리나라의 외교통상부에 있는 부서에 배정받아서 일을 하거나 외국으로 파견이 된다고 하셨어. 그 영사님은 미국과 독일에서 유학한 후 한국에서 일하다 요르단과 벨기에에 파견되어서 2~3년씩 일해 오시다가 다시 몇 년간 한국에서 중국과 관련된 업무를 보시게 되었대. 그러던 중 중국으로 올 수 있는 기회가 있어서 자원해서 오게 되었다고 하더라고. 그런데 내가 바로 그분 때문에 이렇게 외국에서도 잘 지낼 수 있다고 생각하니까 매우 존경스러웠어. 그래서 외교관이라는 직업에 관심을 갖게 되었어.”

“그렇구나. 그런데 외교관이 되기 위해 어떤 준비를 했는지는 말하지 않았잖아?”

채영의 긴 이야기를 듣고 있던 성현이 고개를 끄덕이며 이내 다시 물었다.

“그때 그 영사님께서 외교관이 되기 위해서는 무엇보다 어학이 중요하다고 하셨어. 영어가 가장 중요하고, 또 제2 외국어도 해야 한다는 거야. 요즘은 중국어가 뜨고 있다는 말씀도 하셨어. 그래서 나에게 딱 맞는다고 생각했지. 사실 중국어는 어느 정도 할 수 있었고, 영어도 열심히 공부하고 있었으니까. 그때부터 외국어를 열심히 공부해야 할 이유가 생긴 셈이지. 그래서 다른 활동을 하기보다는 영어와 중국어를 열심히 공부해 온 게 다야. 오빠는 어떤 활동을 해 왔는데?”

“음, 난 좀 다르게 활동한 것 같아. 반크라고 들어 봤니?”

“응, 가끔 방송에 나오는 걸 본 적도 있어.”

“그래 아주 유명한 사이버외교단이라고 할 수 있지. 원래는 펜팔로 시작된 것이 이제는 세계에 한국을 알리는 사이버외교사절단 역할을 하고 있지. 지난번 우리가 참여했던 제1회 청소년UN모의총회처럼 반크에도 모의유엔총회가 있어. 대학생들을 위한 모의유엔총회는 많은데 중학생이나 고등학생들을 위한 모의유엔총회는 흔하지 않더라고. 그래서 난 반크 활동을 하면서 모의유엔총회에 참여하곤 했어. 지난번

반크의 모의유엔총회의 주제는 사막화와 방지 대책이었어. 기후변화와 비슷하지. 그때 나는 브라질의 대표를 맡았지. 브라질도 현재 사막화가 빠르게 일어나고 있는 나라들 중의 하나야."

"그때도 입상한 거야?"

"응. 우리가 출전했던 대회가 나에게 많은 경험이 되어 주었어. 지난번에는 우수상에 그쳤지만 이번에는 수현이처럼 최우수상을 받게 됐어."

"그래서 아까 들어오면서도 싱글벙글이었구나. 야, 남성현! 오늘은 네가 쏴야겠네."

"그렇지 않아도 그럴 참이었어."

"축하해, 오빠!"

"그래, 고마워."

"친구들이 모의유엔총회에 대해 자주 물어봐."

"중학생이나 고등학생이 UN총회를 경험하는 방법은 크게 2가지라고 할 수 있지. 첫 번째 방법은 직접 참가하는 것이고, 두 번째 방법은 모의UN총회에 각국의 대표로 참여해 보거나 참관인으로 경험해 보는 거야. 반기문 UN사무총장님의 영향인지 확실하지는 않지만 전국에서 모의UN총회를 경험해 보는 학생들이 수를 헤아릴 수 없이 많아. UN에서 사용되는 공용어는 영어와 프랑스어잖아. 지난번의 청소년 UN총회에서는 영어로만 발표했지. 유엔에 관심이 있다면 유엔과 우선 친구가 되어야 해. 우리 집 컴퓨터의 시작 페이지는 유엔으로 되어 있어. 시간이 날 때마다 유엔 홈페이지를 방문해 유엔을 자신의 세계로 만들어 보는 것이 좋아. 해마다 지정되는 기념의 해를 따라 그 주제를 파고드는 독서, 활동, 신문읽기, 자료 찾기 등을 하고, 기념일 관련 이슈를 파악해 캠페인 등 행동을 실천하고 보고서를 작성해 보는 것도 필요해. 이런 것들이 쌓이면 훌륭한 포트폴리오가 될 수 있지. 사실 난 이미 수시를 위한 나만의 포트폴리오가 다 준비된 셈이야."

"나는 나만의 스토리, 남성현 너는 너만의 포트폴리오! 와우, 우린 벌써 대학에 합격한 기분이네."

"그러니까 우린 진정한 대한민국 국가대표인 거지. 하하하!"

외교관의 꿈을 착실히 펼쳐가는 여러분, 〈그대들이 진정한 국가대표입니다.〉

VIP 청소년의 터닝포인트

청소년 로체 원정대

호연지기!

청소년 시기에 반드시 지녀야 할 인성이라고 배웠다.

로체 원정대는 호연지기를 바탕으로 젊은이의 열정과 도전 정신을 심어 주는 곳이다.

2009년 청소년을 대상으로 히말라야 산맥 로체 베이스캠프와 칼라파타르봉을 탐험하는 '로체 청소년 원정대'를 처음으로 모집했다. 15세에서 19세까지의 청소년을 대상으로 서류전형을 거쳐 60명을 선발하고, 이후 면접과 체력 테스트를 거쳐 최종 20명의 로체 원정대원을 선발했다. 최종 선발된 원정대원들은 국내에서 등반 훈련을 거쳤다. 그리고 그해 연말 약 3주간의 일정으로 히말라야 산맥의 로체 베이스캠프(해발 5200m)와 칼라파타르봉(해발 5545m)을 등정하였다.

"살면서 이보다 더 힘든 역경이 많이 찾아올 것이라 생각해요. 하지만 아무리 힘들어도 도전하면 이겨 낼 수 있다는 의지를 키웠어요. 함께하는 동료들이 있다면 어떤 고난도 헤쳐 나갈 수 있을 거란 자신감도 생겼고요."

정상에 오른 대원들은 부쩍 큰 모습으로 감회를 쏟아 냈다.

새벽 6시, 로브제(해발 4,930m)를 출발한 원정대는 정상을 400m 남짓 남겨 두고 고비를 맞았다. 대부분의 대원이 고소 증세를 호소했다. 대원들은 바위를 안고 걷는 듯 두세 걸음을 옮기는 것조차 힘들어했다. 등정 예정 시각인 오후 1시를 훌쩍 넘겨 버렸고, 선두와 후미의 간격도 1시간 넘게 벌어졌다.

원정대를 이끄는 등반대장은 결정을 내려야 했다. 전국의 산을 오르며 체력훈련을 했고, 현지에서 고소 적응훈련을 하며 올라온 대원들이지만 신중해질 수밖에 없었다. 현지 적응기간이 너무 짧은 게 마음에 걸렸다. 다행히 대원들 대부분의 상태가 심각한 정도는 아니었다.

이 대장은 "이 산은 우리가 인생을 살아가며 넘어야 하는 많은 산들 중 아주 작은 산에 불과하다"며 힘들어 하는 대원들을 향해 외쳤다. 극한 상황에서 대원들의 동료애는 더욱 빛났다. 낯선 음식으로 장염을 앓아 링거를 맞고 등반에 참가한 한윤미(가명, 18세, 대전외고) 대원이 잠시 기력을 잃고 쓰러졌다. 동료들은 한윤미 대원의 짐을 나눠 운반하

고, 몇몇은 교대로 한윤미 대원을 부축했다. 모두가 함께하는 등정만
이 의미가 있다는 생각 때문이었다.

　서로를 격려하며 한 걸음 한 걸음 내디딘 것이 쌓여 마침내 오후 3시
쯤 에베레스트(8,848m)를 배경으로 칼라파타르에 올라섰다. 너나 할
것 없이 여기저기서 환호성을 질렀다. 대원들은 서로를 부둥켜안았다.
한윤미 대원은 "저를 포기하지 않은 동료들이 있어서 끝까지 오를 수
있었다"며 동료들에게 감사의 마음을 전했다.

　45도가 넘는 가파른 경사를 올라 정상에 섰다. 고소 증세는 한순간
도 떼어낼 수 없는 동반자였다. 한 걸음 한 걸음 고통의 연속이었던 극
한 상황을 이겨 낸 20명의 어린 대원은 어느새 그들이 오른 산의 높이
만큼이나 훌쩍 커 버린 모습이었다.

　티베트어로 Lho는 남쪽을, Tse는 봉우리를 뜻하는데, 현지인들은
이를 에베레스트 남쪽의 형제 봉우리라고 해석한다. 로체 주봉의 주위
에는 세계 최고봉인 에베레스트와 로체샤르가 연결되어 있고, 산군으
로서 쿰부히말에 속해 있다. 로체에서 흘러내리는 빙하는 크게 세 갈
래로 구분할 수 있는데 남쪽으로는 로체 빙하, 서쪽으로는 쿰부 빙하,
동쪽으로는 캉슝(Kangshung) 빙하가 흘러내린다. 이렇게 확연히 독립
된 형태의 로체 산은 세계 4위 높이의 산이지만 다른 어떤 히말라야 산
보다 난공불락의 산이다.

　이 산의 남벽 등반은 세계 최고의 난이도를 자랑하며, 로체 남벽 등

반이야말로 8,000m급 히말라야 14개봉 등반을 훨씬 능가한다고 이탈리아 출신의 세계적인 산악인 라인홀터 메스너는 평가하고 있다. 1975년 로체 남벽 등반기를 정리한 라인홀터 메스너의 《도전》에 보면 당시 원정대장이었던 리카르도 캐신이 원정 실패 후 가진 기자회견에서 "20년 후쯤 누군가 오른다 하더라도 운이 따르지 않으면 불가능한 벽"이라고 로체 남벽을 거대한 괴물로 표현했다.

로체 남벽의 등반 루트는 크게 3가지가 형성되어 있으며, 모든 루트가 낙석과 강풍 그리고 눈사태의 위험에 노출되어 있다. 1973년 봄, 일본 원정대를 시작으로 이탈리아, 유고, 프랑스, 폴란드, 체코 등의 나라에서 20여 회 시도한 로체 남벽史는 그 자체가 고난으로 얼룩져 있다. 첫 등정은 1990년 4월 24일 유고슬라비아 출신의 토모 체슨이 64시간 만에 단독으로 해냈다고 기사화되었다.

이 놀라운 등반은 그해 가을 로체 남벽 등정에 성공한 러시아의 2인조(세르게이 베르쇼프와 블라디미르 카라타예프)가 토모 체슨의 등정 의혹을 제기하면서 논란을 일으켰다. 하지만 러시아 2인조의 등정 또한 명확한 근거자료가 없어 등정에 대한 의혹은 여전히 남아 있다. 러시아 팀 이후 1999년에 한국 팀(7,400m 지점 도달), 2001년에 일본 팀(7,600m 지점 도달), 2003년에 일본 팀(8,300m 지점 도달)이 유고 루트에 도전했지만 실패했다.

가장 최근에는 2004년 봄에 한국 영호남 합동대가 신루트의 등반을 시도하려 했으나 기상악화로 지난해 일본 원정대가 시도했던 유고 루트에 도전했지만 7,550m지점에서 물러났다. 로체 남벽은 지금까지 세계 각국의 최강 원정대가 독자적 혹은 국제연합대를 결성해 많은 도전을 했지만 모두 실패와 좌절만을 안겨 준 난공불락의 벽으로, 아직도 세계 각국의 등반가들의 끊임없는 도전의지를 자극하고 있다.

이런 난공불락의 로체를 정복하기 위한 열정과 도전, 용기로 가득한 인재들이 모이는 곳이 청소년 로체 원정대이다. 국내에서는 1박 2일 코스로 4회, 3박 4일 코스로 1회, 4월에서 7월에 걸쳐 여러 가지 활동에 참여한다. 자연생태 환경을 통해 호연지기를 기르고, 서로를 배려하는 인성을 기른다. 자연의 생태를 연구하는 글도 쓰고, 자연을 카메라에 담기도 하고, 국제적인 매너와 에티켓도 배운다. 또한 장애우들과 동행하는 나들이를 통해 사회적 배려를 익힐 수 있는 기회도 갖는다.

미루어 짐작하듯이 로체 원정대의 활동은 11박 12일 간의 해외 활동이 필수다. 해발 5,400m에 달하는 인도 라닥 가르왈 히말라야를 횡단한다. 단순한 등반으로 그치는 것이 아니라, 인도의 고대문명 발상지를 답사하는 문화체험 시간을 갖고 히말라야 지질 자연생태 탐사활동을 한다. 인도의 청소년들과 문화교류 시간을 갖고 히말라야 오지마을의 어린이들을 대상으로 자원봉사와 의료봉사 활동에도 참여한다.

2012년을 맞아 벌써 제7기 원정대원을 선발했다. 매년 1월에서 3월 사이에 신청서를 받아 서류심사를 하고, 면접과 체력 테스트를 통해 20

명을 선발한다. 자신의 잠재력을 발견하고 창의적이고 자기 주도적인 능력을 스스로 터득하여 글로벌리더로 발전하고자 하는 대한민국의 청소년들을 기다리고 있다.

제4기 청소년 로체 원정대에 참여한 예소연은 18세의 가냘픈 여고생이었다. 하지만 6,189m의 만년설봉을 밟은 주인공이 되었다. 잠시 소연이의 로체 원정대 체험기를 읽어 보자.

1월 1일 카트만두에 도착한 우리는 10일 로체 남벽 앞 임자체 베이스캠프에 도착했다. 다음 날 어택 캠프(5,600m)에서 잠을 청한 지 3시간 뒤인 밤 12시에 부스럭거리며 침낭에서 일어났다. "자, 준비되었나?"라고 낮은 목소리로 묻는 차진철 등반대장님 말씀에, '아, 이제 정말 올 것이 왔구나. 이제부터 전쟁이다'라고 생각하며 나도 모르게 비장한 표정으로 "네!" 하고 답했다. 정신이 반쯤 없는 상태에서 주섬주섬 침낭을 싸고 배낭에 장비를 넣으며 마지막 점검을 했다.

"너희 두 사람의 어깨에 얼마나 큰 짐이 있는 줄 알겠나? 20명의 기대를 저버리면 안 된다"라는 차 대장님 말씀에 솔직히 가슴에 무언가 얹은 듯한 기분이 들었다. 그 한 마디에 어깨가 훨씬 무거워진 느낌이었다.

새벽 1시, 모든 장비를 체크하고 텐트 밖으로 나왔다. 너무 세고 차가운 바람이 우리를 반겼고, 속으로 '정신 차리자, 예소연!'을 수백 번 외치면서 긴장된 마음을 가라앉히려 노력했다. 승부욕 때문이었을까. 아니, 어쩌면 그냥 잘나 보이고 멋져 보이고 싶은 어린 마음이었는지도 모른다. 내 속에서는 강하게 정상을 원하고 있었다. 꼭 보여 주고 싶다고……. 나에게, 그리고 세상에 예소연이 얼마나 멋진 사람인지 보여 주고 싶다고 외치고 있었다. 그런 나의 작은 욕심이 다른 누군가에게 이 기회를 양보하지 못하도록 막고 있는 것 같아서 미안했다.

헤드랜턴을 켜고 아무것도 보이지 않는 가파른 산길을 올라갔다. 왠지 불수사도북 종주 훈련 때 야간산행으로 도봉산을 오르는 기분이었다. 안전벨트와 이중화 때문에 배낭이 너무 무거웠다. 올라가는 길은 하드코어였다. 굉장히 가팔랐다. 어제 어택캠프로 올라오는 길이 가팔라서 힘들다고 생각했는데 그건 아무것도 아니었다.

출발한 지 10분쯤 지났을까? 숨이 점점 가빠지고 어젯밤에 안 좋았던 속이 다시 울렁거렸다. '출발한 지 10분밖에 안 되었는데 벌써부터 컨디션이 안 좋으면 어떻게 올라가지?' 눈앞이 캄캄했다. 그때부터 한참 동안 헛구역질을 했다. 너무 토하고 싶은데 먹은 것이 없어 토하지도 못하고 속이 불편한 상태가 계속됐다. 고소 증세로 조금만 올라가도 무거운 배낭 때문에 금방 지치고 숨이 찼다. 못 견딜 것 같을 때는 잠깐씩 쉬면서 다시 일어섰다.

중간쯤부터는 "나는 할 수 있다! 예소연은 할 수 있다!"라고 입 밖으로 외쳤다. 앞에 가는 대장님을 붙잡고 "그렇죠? 할 수 있죠? 저는 할 수 있습니다!"라며 마음을 다잡고 다시 오르기를 얼마나 반복했는지 모르겠다. 계속해서 내게 주문을 외우면 정말로 할 수 있을 것 같았다. 그런 나의 외침이 내가 앞으로 계속 나갈 수 있는 원동력이 되었다.

새벽 4시쯤 하얀 눈과 얼음이 펼쳐진 곳에 다다랐다. 그때까지만 해도 특별히 춥다는 것을 느끼지 못하고 있었다. 그러나 가만히 앉아서 안전벨트와 이중화를 꺼내 착용하자 내 몸이 얼마나 딱딱하게 굳었고 추위에 떨고 있는지 느낄 수 있었다. 우리는 장비를 착용하고 얼음판에 두 발을 내디뎠다. 이중화 때문에 두 발이 내 발 같지 않았다. 움직이는 게 불편한 것은 물론, 무거운 이중화와 아이젠 덕분에 양쪽 발에 3킬로그램 정도의 무게가 더해져 발을 떼는 것이 여간 힘들지 않았다.

처음에는 무슨 정신으로 그 눈과 얼음밭을 걷기 시작했는지 모른다. 제발 미끄러지거나 넘어지지 말자는 생각으로 정신없이 걸었다. 내 안전벨트에 데이지 체인을 연결한 대장님의 걸음을 따라가는 것만 해도 너무 벅차 계속해서 "대장님, 제발 조금만 쉬어요. 조금만 천천히 가요"라고 몇 번을 부탁했는지 모르겠다.

뒤에서 셰르파와 함께 오던 김경남(경북외고 2년)은 어느새 나보다 앞서 가고 있었다. '아니, 쟤는 같은 여자인데 어떻게 저렇게 잘 갈까? 힘들지도 않나?' 하면서도 한편으로 뒤지지 말아야겠다는 생각으로 열심히 뒤를 좇았다. 가파르거나 위험한 구간이 나오면 셰르파가 설치해 놓은 로프에 주마를 끼고 연습한 대로 열심히 올랐다.

얼마쯤 올랐을까? 비교적 평평한 설원이 펼쳐졌다. 경사가 있는, 엄청나게 긴 거리의 설원이었다. 점점 다리에 힘이 빠졌다. 걷는 게 너무 힘들었다. 서서히 걸음이 느려지고 발이 계속해서 무거워지는 것만 같았다. 눈과 얼음이 섞인 험한 길이 시작되면서 내 머릿속은 '그만 포기하고 싶다'는 생각으로 가득 찼다. 1분에도 수십 번씩 머릿속에서 '포기'라는 단어가 스쳐 지나갔다. 너무 춥고 힘들어 견딜 수 없을 것만 같았다. 그때마다 포기라는 단어를 짓밟고 계속해서 다시 일어섰던 건 두 가지 이유 때문이다.

첫 번째는 나를 위해서였다. 내가 그 자리에서 포기한다면 앞으로 무슨 일을 하더라도 쉽게 포기할 것만 같았다. 반대로 여기서 이런 어려움을 참고 끝까지 해낸다면 앞으로 어떤 힘든 일이 닥쳐도 이때의 내 모습을 생각하면서 '나는 할 수 있다. 임자체 정상까지 다녀온 내가 뭘 못하겠어?'라며 자신감을 가지고 한 발 한 발 디딜 수 있을 것 같았다.

두 번째는 부모님께 자랑스러운 딸이 되고 싶었다. 집에서 여태껏 속만 썩이는 딸이었다. 학업으로 걱정을 끼쳐 드린 적은 없지만 한 번도 부모님께 잘해 드린 적이 없었다. 나는 늘 부모님께 신경질만 부리고, 부모님은 내 요구를 당연히 다 받아 주셔야만 한다고 생각했다. 엄마의 흰머리 한 가닥 한 가닥이 모두 나 때문에 생긴 것이다. 여태껏 늘 속만 썩이던 나쁜 딸이 처음으로 엄마, 아빠께 자랑스러워지고 싶었다. 나도 뭔가 할 수 있다는 것, 내가 부모님 생각만큼 약하기만 한 딸이 아니라는 것을 보여 드리고 싶었다. 그래서 이를 악물었다. 주저앉고 싶을 때마다 부모님 생각을 하면 다시 일어설 수 있었다.

너무 힘들어서 대장님께 제발 천천히 가자고 하자 대장님은 결국 데이지 체인을 풀고 앞서 가기 시작했다. 뒤에서 혼자 가는데 세 발짝 떼고 주저앉고, 또 세 발짝 떼고 주저앉는 것을 30분 정도 반복했다. 경남이는 나보다 훨씬 앞서 가서 기다리고 있었다.

드디어 거대한 설벽 앞에 섰다. 차 대장님과 셰르파가 먼저 올라가 고정로프를 설치하고 있었다. 팀닥터 김성태 박사님(광명 인병원장)과 경남이, 조진모(한양대 의대 본과 2년) 선생님이 설벽 아래에서 기다리고 있었다. 나는 주저앉아 고정로프 설치를 기다리면서 추위에 온몸을 바들바들 떨며 웅크린 채 잠이 들기도 했다.

고정로프가 모두 설치되자 해가 뜨고 있었다. 이제야 설벽을 제대로 올려다보았다. 밑에서 이야기할 때는 일반 슬랩 정도로 생각했는데 가까이서 본 설벽은 굉장히 가파른 경사였다. 70~80도는 되어 보였다. 게다가 거리도 200m가 넘어 보였다. 올라가기도 전부터 걱정에 눈앞이 캄캄했다.

드디어 주마를 로프에 끼우고 설벽 등반을 시작했다. 그때까지만 해도 그 길이 그렇게 긴 여정이 될 줄은 꿈에도 생각 못 했다. 국내 훈련 때 연습한 암벽등반은 위에서 확보를 봐 주는 사람이 있어서 로프를 당김으로써 도움을 받을 수 있었다. 하지만 이 설벽에선 내가 주마를 당기며 올라가기 때문에 누구의 도움도 없이 오직 내 힘으로만 올라가야 했다. 내가 힘들다고 노력을 투자하지 않으면 진전되지가 않았다. 세상 이치가 다 이런가 보다.

조금씩 올라갔다. 처음에는 경사가 그나마 완만했던 것 같은데 얼마 안 가서 더 가팔라졌다. 내가 느끼기에 80도는 되어 보였다. 중간에 발 디딜 틈이 마땅치 않아 올라가는 데 한참 애를 먹었다. 주마를 잡고 있는 팔은 이미 힘을 너무 많이 줘서 그대로 잡고 있는 것도 힘이 들었다. 꽤 올라왔다고 생각되어 아래를 내려다보면 얼마 안 올라왔고, 위를 올려다보면 아직도 긴 고생길이 보였다. 너무 힘들어서 중간에 얼음에 붙어 차 대장님께 살얼음이 낀 숭늉을 받아먹었는데 속이 안 좋은 탓에 밥 냄새만 맡아도 토할 것만 같았다. 하지만 살기 위해 물을 마셔야 했다.

얼마나 올랐을까? 설벽에 붙어 있는 4시간 동안이 정말 전쟁과도 같았다. 다시 돌아서 내려갈 수도 없기에 죽기 살기로 올라갔다. 빙벽에 발을 잘못 디뎌 미끄러지기도 하고, 살짝 솟아올라온 고드름에 앉아 잠깐씩 쉬어 가기도 했다. 저기 보이는 저 설벽 끝이 정상일 거라고 굳게 믿고 나는 아무리 오랜 시간이 걸려도 끝까지 포기할 수 없었다. 드디어 4시간의 사투가 끝나고 설벽 끝에서 셰르파의 손을 잡고 일어섰는데 내 앞에 펼쳐진 현실에 순간 하늘이 노래졌다. 그곳이 끝이 아니었던 것이다! 그땐 정말 주저앉아서 울고 싶은 마음이 굴뚝같았다. 더이상은 움직이지 못할 것만 같았다.

앞을 막아선 칼날 같은 능선을 타고 죽 가라는 셰르파의 말에 정말 눈물을 머금고 올라갔다. 더 이상 못 갈 것만 같은데도 이를 악물고 발걸음을 떼니 움직일 수 있는 게 사람이라는 것을 새삼 깨달았다.

칼날 능선이 설벽보다 힘들었던 이유는 바람 때문이었다. 사방이 트여 있어 몰아치는 바람을 그대로 맞아야 했는데, 대관령 풍력발전소에서 맞았던 바람이 제일 센 줄 알았던 나의 생각이 순식간에 깨졌다. 태어나서 처음으로 내가 바람에 맞아 죽을 수도 있겠구나 하는 생각이 들었다.

바람 때문에 숨을 제대로 쉴 수도 없고, 주변의 얼음 조각이 바람에 날려 누군가에게 뺨을 맞은 것 같았다. 거의 기다시피 해 칼날 능선을 지나니 작은 방만 한 넓이의 평평한 지대가 나왔다. 이곳이 약 6,150m 되는 지점이고, 여기서 고도 39m만 올라가면 정상이라고 했다. 그러나 정말 더는 못 갈 것만 같아 울상을 짓고 있으니까 대장님께서 농담 반 진담 반으로 내게 "그냥 내려갈까? 이충직 대장님이 대원 중 한 명만 올라가도 된다고 했으니까 내려가도 괜찮아"라고 말씀하셨다. 순간 정신이 번쩍 들었다. 오기가 발동했다. 그래도 여기까지 올라왔는데 정상을 포기하고 그냥 내려갈 수는 없었다. 뭐가 무섭냐며 약해지려는 내 자신을 채찍질했다.

로프 때문에 예상보다 시간이 꽤 지체되었다. 은근슬쩍 대장님께 하산하는 데 걸리는 시간을 여쭤 보니 최소 3시간 걸린다고 말씀하셨다. 입이 딱 벌어졌다. 그러나 그때 '가지 않으면 길은 없다'는 로체 원정대의 슬로건이 가슴에 와 닿았다.

드디어 고정로프가 다 설치되었고, 나는 마지막 남은 힘을 짜내 발걸음을 떼었다. 고도가 높아서 역시 숨을 쉬기조차 힘들었다. 하얀 능선에 서자 이제 내 몸은 땅만 밟고 있을 뿐 사방에 완전히 노출되었다. 눈보라를 일으키며 불어대는 드센 바람에 눈도 뜨지 못할 지경이었다.

마지막으로 정상에 다다랐을 때 데이지 체인이 엉켜서 겨우 다시 맸더니 아이젠이 체인에 끼는 등 정상 바로 앞에서 한참 고생하다가 드디어 정상에 도착할 수 있었다. 건너편에는 로체 남벽이 거대한 위용으로 서 있고, 우리 주변은 모두가 발아래에 놓여 있다. 이래서 정상인가 보다.

임자체 정상은 정말 좁았다. 올라온 5명의 원정대원이 모두 앉으면 꽉 찰 만큼의 넓이였다. 안전 확보를 하고는 앉아서 등정 기념사진을 찍었다. 솔직히 나중에 정상에서 찍은 사진들을 보고 조금만 더 외모에 신경 쓸 걸 하는 후회를 많이 했다.(^^) 바람에 혼이 쏙 빠진 직후라 외모에 신경을 쓰기는커녕 정상이라는 성취감을 느낄 수도 없었다. 그냥 내려가고 싶은 생각뿐이었다.

지금 생각해 보니 좀 더 여유롭게 정상을 음미했더라면 좋았을 걸 싶다. 사람들이 내게 정상에서 어떤 느낌이었냐고 물었

다. 그러나 정상 자체에 대해 나는 별로 해 줄 말이 없다. 정상
에 도착했을 때는 오히려 얼떨떨하기만 했고, 그래도 왔구나,
내가 해냈구나, 정말 해냈구나 하는 안도의 한숨을 쉬었을 뿐
이다. 내려오면서 많이 힘들었는데 그래도 끝까지 내 두 다리
로 씩씩하게 걸어 내려온 내가 자랑스럽다.

(중략)

다음 날에는 발가락에 살짝 동상이 걸려, 내려가는 내내 고생
해야 했다. 우리 원정대는 카트만두에서 네팔 청소년문화교류
활동과 세계문화유산을 견학하고 1월 19일 서울에 도착했다.
일상적이었던 서울은 귀국해 보니 안아 주고 싶은 여유 있는
도시로 느껴졌다. 그만큼 나는 분명 변해 있었다.

　　로체 원정대를 다녀온 친구들은 한결같이 말한다. "분명 변해 있었
다"고. 공부가 훨씬 쉽다는 것을 알고, 공부 이상으로 중요한 것이 있
다는 것도 알게 되었다. 원정대는 《내 생애 가장 용감했던 17일》이란
책으로 다시 우리에게 다가오고 있다. '가지 않으면 길은 없다'라고 한
루쉰의 말을 가슴에 안고 또 다른 꿈의 세계로 나아가고 있다. "도전하
라! 질주하라!"를 외치는 대한만국의 청소년 로체 원정대! 〈그대들이
진정한 국가대표입니다.〉

아리랑~ 아리랑~ 아라리요~

봉일천고등학교 아리랑 지킴이

"아리랑이 위험해요. 우리가 아리랑을 지켜 내야 합니다."

"Arirang is threatened, We must protect Arirang."

12월의 칼바람이 여민 옷깃을 파고드는데도 아랑곳하지 않고 25명의 여고생들이 손을 비비며 피켓을 들고 있다. 청계천 앞을 지나는 외국인들을 향해 말을 걸어 본다. '아리랑 바로잡기' 캠페인을 벌이고 있는 것이다.

세계적으로 KOREA 하면 애국가보다 외국인들에게 더 정겨운 노래가 바로 '아리랑'이다. 우리 민족의 몸속에 꿈틀거리는 세마치장단의 애달픔의 대명사이기도 하다. 이런 우리 민요 '아리랑'을 중국에서 자기 것이라고 주장하며 2011년 6월 21일 중국의 무형문화재로 지정했다. 그것도 모자라 세계유네스코 무형문화재 등재 신청을 하는 지경에 이르고 있다. '독도는 일본 땅, 동해가 일본해, 제주도 남쪽 이어도마저 중국 땅' 등 기막힌 사연과 더불어 우리 민족의 혼의 노래인 '아리랑'이 이제는 중국의 노래로 역사가 넘어가게 되었다.

모든 국민이 들고일어나도 부족한 사실을 6개월이 지나도록 무관심 속에서 지나치고 있었다. 더 이상 참지 못하고 일어선 사람들은 다름 아닌 파주의 봉일천고등학교 1학년 10반 학생들이다. 음악백과사전에 씌어진 '아리랑'에 대해 분석해 보면 애환으로 모든 것이 연계되어 있다. '나를 버리고 가시는 님'은 참 나를 깨닫기를 포기하는 사람을 의미한다. 또한 '십'은 동양에서 완성을 의미한다. '십 리도 못 가서 발병이 난다'는 인생의 목적을 이루지 못한다는 뜻이다. 이처럼 아리랑 속에는 깨달음과 인간의 완성을 향한 깊고 심오한 정신세계가 담겨 있다. 이러한 우리 민족의 혼, 우리의 삶의 뿌리인 이 아리랑을 중국의 야망에 내줄 수 없는 일이다.

학생들은 처음엔 단순한 봉사 활동으로 시작했지만 아리랑에 대해 관심을 갖고 공부하면서 우리 문화유산을 꼭 지켜야겠다는 사명감을 갖게 되었다고 한다. 나비의 작은 날갯짓이 폭풍을 일으킬 수 있듯이, 이들의 활동은 지역을 넘어 전국적인 관심을 가지게 했다. 2011년에는 2011명의 사물 팀이 소름 끼치는 감동과 환희를 보여 주었다. 2012년엔 1500명의 사물 팀과 500여 명에 이르는 민요 팀이 함께 페스티

벌을 연다. 그리고 5000명의 아리랑 지킴이가 카드섹션을 만들어 내게 된다.

아리랑 지킴이 캠페인과 같이 학생들이 주체가 되어 일어나는 캠페인을 자주 볼 수 있다. 자신들의 주장을 펼치기 위한 작지만 큰 몸부림이라고 할 수 있다. 동일천고등학교 1학년 10반 학생들의 캠페인 활동이 사회적 이슈가 될 수 있었던 것은 철저한 준비가 있었기 때문이다. 처음엔 한두 명의 학생들이 의견을 제시했다. 캠페인 활동을 전개할 수 있도록 반 친구들을 설득하고, 모인 친구들은 예산부와 홍보부, 준비부와 학습부로 역할을 나누고 매주 회의를 통해 활동계획을 세워나갔다.

미처 몰랐던 '아리랑'에 대해 조사하고, 캠페인을 통해 외국인들에게 전해 줄 설득력 있는 자료를 준비하였다. 이런 정성 덕분에 시민들도 학생들의 캠페인에 많은 관심을 보이고 또 격려해 주었다. 한 중국어 가이드는 중국인 관광객들에게 학생들의 얘기를 즉석에서 통역해 전해 주기도 했다.

공부를 해야 하는 학생 신분인지라 주말을 이용해서 캠페인을 이어나갔다. 2시간이 넘는 거리를 달려와 외국인들이 많이 왕래하는 광화문 거리에서 캠페인을 벌였다. 쓸데없는 일이라고 반대하는 부모님도 계셨고, 주말마다 공부를 게을리하며 밖으로 나돈다고 꾸중을 하시는 부모님도 계셨다. 하지만 시간이 지나자 부모님들이 응원군이 되어 주셨고, 함께 캠페인을 벌여 나갔다.

단순히 캠페인을 통해 봉사 활동의 일환으로 시작된 활동이 이제 동아리 활동으로 발전되었다. 다큐멘터리 영화도 제작하여 유튜브나 트위터에 올려서 더 많은 이들에게 알리고, 동참을 이끌어 내고 있다. 이에 그치지 않고 현재 우리나라의 60여 종에 이르는 아리랑에 대해 더 많은 공부도 곁들이고 있다. 이들의 활동은 아리랑이 우리 문화재청에 등록되는 날까지 또 세계유네스코에 등재될 수 있도록 꾸준히 펼쳐질 것이다.

국토를 빼앗기는 것만이 나라를 빼앗기는 것이 아니다. 경제적으로 침략당하고 문화적으로 침략당하는 것도 나라를 빼앗기는 것이다. 어찌 아리랑뿐이겠는가? 우리의 것을 지키기 위해 몸소 일어서는 동일천고등학교의 아리랑 지킴이! 〈그대들이 진정한 국가대표입니다.〉

환경을 위해, 환경동아리 파워!

청소년 환경 동아리 | 서울 대일고등학교 ET OUT

"우리는 ET OUT입니다."

5명으로 시작한 동아리가 어느새 2000명을 넘어섰다.

학교에서 논리탐구 동아리 활동을 하면서 친구들과 이야기를 나누다가 자연에 관심이 많은 친구끼리 만든 동아리가 학교를 넘어 전국적인 관심을 받고 있다. 주로 온·오프라인 외래 생물종 홍보 및 제거 활동을 하고 있다. 서울 대일고등학교의 환경 동아리 'ET OUT'이 이제 전국 학생들의 'ET OUT'이 되어가고 있다.

'ET OUT'이란 'Earth Troublemakers OUT!'의 줄임말이다. 우리 땅에 문제를 일으키는 말썽꾸러기들, 즉 외래종을 퇴치하자는 뜻을 가지고 있다. ET OUT은 5명의 학생과 학부모, 지도교사 한 분으로 구성되었고, 2010년 9월에 팀이 결성되었다. 2011년 7월부터 본격적으로 유해식물 제거 및 유해식물이 많은 지역에서의 홍보 활동을 전개하였다.

서양등골나물!

학교에서 쉽게 볼 수 있던 꽃이다. 그저 예쁜 꽃이라고 생각했는데 알고 보니 외래종이었고, 또한 해롭기까지 했다. 학교 화단에서 하얀 꽃을 뽐내고 있어서 그냥 옛날부터 있던 꽃이라고 생각했다. 하지만 서양등골나물은 야산이나 도로변, 화단 등에 퍼져 있고, 예뻐 보이지만 우리 토종 생태계를 위협하는 식물이다. 그래서 환경부에서 '생태계 교란종'으로 지정되기도 했다. 또한 외래종 중에서도 가장 많은 양의 페놀을 방출하는데, 페놀은 발암물질이면서 주변 식물들의 성장을 방해한다. 서양등골나물을 먹은 소의 젖을 사람이 먹을 경우 두통, 메스꺼움을 느낄 수 있다는 연구 결과도 있을 정도로 유해한 식물이다. 이러한 사실을 알고는 그냥 넘어갈 수가 없었다. 그래서 5명이 뭉쳤던 것이나.

2학년인 진우ㆍ선우ㆍ한범과 1학년인 진홍ㆍ관호, 그래서 'etout 5'가 되었나. 독수리 오형제는 지구 정복을 노리는 비밀결사 캐릭터를 물리치려고 싸웠다면, 'etout 5'는 우리 환경을 해치는 외래 유해식물인 서양등골나물과 맞서 싸우기 위해 일어섰다.

2학년이 되어 생물경시대회를 치른 선우는 환경에 대한 관심이 높아지기 시작했다. 관심이 있으면 호기심이 생기는 법이다. 평소에는 눈에 들어오지 않던 주변의 생물들과 생태계에 대한 관심이 생겨났다. 이름 모를 들풀의 이름도 알고 싶고, 환경에 대한 관심도 높아졌다. 그러던 중 눈에 띈 것이 서양등골나물이었다.

"야, 생물박사! 화단에 있는 저 꽃 이름이 뭐냐? 부산에서는 한 번도 본 적이 없는데."

부산에서 전학 온 한범이가 주변 생물에 관심이 많아진 선우에게 물었다.

"글쎄, 이름은 잘 모르겠는데, 저 꽃은 우리 동네에서 흔히 볼 수 있는 거야."

"그럼 남쪽에서는 살지 않는 특이종인가?"

"관상용 식물 아닌가? 우리 옆집에는 대문 앞 화분에 심어져 있었던 것 같은데."

같이 걸어가던 진우가 대꾸했다.

"관상용? 그럴 수도 있겠네. 이렇게 화단에도 있으니까 말야."

"원래는 야생화였을까? 지난번에 어머니와 산책 갔을 때 뒷동산에도 있었어. 그때 어머니께서 처음 보는 것이라고 신기해하셨거든."

"형, 뭐해요?"

그때 1학년인 진홍이와 관호가 함께 지나가다가 인사를 했다.

관호와 진홍은 선우와 오랫동안 같은 교회를 다녔던 터라 잘 알고 지

내는 사이였다.

"응, 점심 먹고 오는 중이야. 근데 관호 너, 저 하얀 꽃 이름이 뭔지 알아?"

"아니 몰라요. 무슨 나물이라는 소리는 들었던 것 같은데……. 진홍아, 너는 알지? 너희 집 꽃가게 하잖아."

"저거, 서양등골나물이야. 우리 어머니께서 아주 몹쓸 나무라고 하셨어. 생태계를 교란시킨다고 하셨는데?"

"뭐? 생태계 교란?"

생태계라는 말에 선우의 눈이 동그래졌다. 선우가 말을 이으려고 하는 순간 오후 수업 준비를 알리는 차임벨이 울렸다.

"얘들아, 오후 수업 마치고 잠깐 여기서 만나자. 내가 너희들과 의논하고 싶은 말이 있어."

그날 오후 수업을 마치고 5명은 다시 만났고, ET OUT의 탄생을 시작하는 모임을 하기 시작했다. 진홍이 서양등골나물에 대해 알아 오기로 했고, 관호와 선우, 한범이는 생태교란종의 종류에 대해 조사하기로 하였다. 진우는 팀을 구성하는 방법과 해야 할 일을 알아보기로 하고, 관호는 모임에 필요한 준비물을 챙기기로 하였다.

그날 이후 'etout 5'는 거의 매일 1시간 정도씩 모여서 생태계를 교란시키는 외래 식물에 대한 기본적인 공부를 하였다. 어느 정도 조사가 끝나고 나서 평소 2학년 수학을 가르치시는 최종삼 선생님께 교내 동아리 활동을 할 수 있도록 도움을 청하였고, 지도교사를 맡아 달라고 부탁드렸다.

선생님의 도움을 받아 동아리 등록을 하였고, 다음 카페와 네이버 블로그로 인터넷 활동을 시작했다. 대부분의 활동은 'etout 5'가 자발적으로 진행하였다.

생태교란종에 대한 기본 정보를 다음 카페와 네이버 블로그에 게시하였다. 그리고 야산과 공원 등 서양등골나물이 서식하는 현장에서 직접 제거작업을 하고, 실물을 가지고 시민들에게 홍보 활동을 하기로 했다. 5명이 입을 티셔츠를 직접 만들고, 서양등골나물이 그려진 피켓과 손수건을 만들어 캠페인에 활용하였다. 그 결과 최소한 학교가 위치해 있는 양천구와 강서구 일대의 주민들은 서양등골나물에 대해 많이 알게 되었다. 일부 주민들은 등산길에 서양등골나물 제거 작업에도 함께 참여하였다.

동아리 활동 초반에는 사람들의 관심이 적어 속상한 적도 많았다. 평소 아침 일찍 일어나기 힘들어 했던 한범이는 주말 아침에 일찍 일어나 봉사 활동을 하는 것이 힘들었다고 말하기도 했다. 하지만 활동 횟수가 늘어감에 따라 부모님들도 동참해 주시고, 주변 분들이 많은 격려를 해 주셔서 보람을 느꼈다.

동아리 활동을 바탕으로 환경보전협회의 '제6기 생물자원보전 청소년리더'에 참가하기로 했다. 생물자원보전 청소년리더는 생물자원보전의 중요성을 알리기 위한 환경홍보 프로그램으로, 2006년부터 약 2000명의 청소년리더를 배출하고 있다. 'etout 5'도 ET OUT이라는 팀으로 참여하여 활동하게 되었다.

생물자원보전 청소년리더 활동으로 ET OUT은 양천구청과 생태계 교란 외래식물 제거협약을 맺고 대일고의 일반 학생들까지 동참하여 단체로 생태계교란종 제거 작업을 함께 진행하였다. 또한 서울시와 각 지방자치 단체에 올린 건의문에는 긍정적인 반응을 보여 해당 시청·구청·군청 등에서 서양등골나물 제거 작업에 적극 참여하겠다는 답을 보내오기도 하였다.

일 년 동안 캠페인 활동을 벌인 결과 ET OUT팀은 환경보전협회의 '제6기 생물자원보전 청소년리더' 고등부 최우수상을 수상하였다. 앞으로도 양천구청과의 협약에 따른 양천구 관내 4개 산과 공원 지역에 대한 정기적인 생태계교란 외래종 제거 작업을 진행할 예정이다. 블로그를 통한 홍보 활동도 계속해 나가고 있다.

이제껏 파악해 둔 서양등골나물 서식지에 대한 관찰과 감시 활동을 계속 벌여 더 이상 확산되지 않도록 열심히 노력하겠다는 다짐을 하는 서울 대일고등학교 환경 동아리 ET OUT! 〈그대들이 진정한 국가대표입니다.〉

너희가 알바 십계명을 아느냐?

청소년 알바 수호천사 | 1318 알자알자 청소년리더

3시 30분!

7교시 수업을 마치자마자 수빈은 교복을 입은 채 시내 맥도널드로 향했다.

점장에게 눈도장을 찍고 스태프룸에서 서둘러 옷을 갈아입었다.

3개월째 매장을 청소하고 빈 그릇을 치우는 일을 해 왔다.

들어오는 손님을 맨 먼저 발견한 사람이 소리친다.

"어서오세요, 맥도널듭니다."

순간적인 반응이 여기저기서 울려 퍼진다.

"어서 오세요. 맥도널듭니다."

수빈의 손은 빗자루를 잡고, 입은 보이지 않는 손님을 향해 친절하게 소리친다.

아무렇게나 던져 놓은 쟁반들을 챙기고 흐트러진 의자들을 정리하다 보면 하루 5시간의 아르바이트 시간이 끝난다. 집에 오면 발이 퉁퉁 부어 있다. 일반계 고등학교에 다니는 친구들은 책상에 앉아 책을 보고 있을 시간에 특성화 고등학교에 다니는 수빈은 쟁반을 치우고, 바닥을 닦으며 의자를 정리한다. 고등학교를 졸업하기 전에 다양한 경험을 해 볼 생각으로 시작한 아르바이트였다. 2개월 후엔 카운터로 자리를 옮길 것이다. 5시간을 움직여도 겨우 2만 원 정도를 손에 넣게 된다. 노동의 가치가 소중한 건지, 자신의 가치가 이것밖에 되지 않는 건지 알 수가 없다.

수빈은 오늘 점심시간에 혜진과 잠깐 이야기를 나누었다. 혜진은 알바 수호천사라고 했다.

"알바 수호천사라고? 그게 뭐하는 건데?"

"응, 고용노동부에서 운영하는 1318 알자알자 청소년리더라는 게 있어."

"1318 일자알지 청소년리더? 그게 뭘 하는 건데?"

"1318 알자알자 청소년리더는 청소년이 직접 또래 아르바이트생들의 정당한 권리를 주장하고, 우리 와 같은 중·고등학생 근로자를 보호하는 데 앞장서는 프로그램을 말해. 청소년 스스로의 힘으로 우리와 같은 나이의 근로자를 보호하는 것이라 더 보람차고 의미가 있는 활동이라고 이해하면 돼."

"음, 이해는 잘 되지 않지만 아르바이트하는 나와도 관계는 있는 거겠네?"

"그래. 사실 지은이에게서 네가 아르바이트한다는 이야기를 들었어. 언제부터 시작했어?"

"5개월 지났어."

"어디서?"

"시내 맥도널드."

"몇 시부터 몇 시까지?"

"오후 4시 반에서 9시 반까지 해."

"시급이 얼마나 돼?"

"4600원."

"그렇구나. 힘들진 않니?"

"힘들지 않은 일이 어디 있겠니? 힘이 들지만 어쩔 수 없잖아."

"혹시 너무 힘들거나 부당한 취급을 받는다고 생각되면 나한테 이야기해 줘."

"응. 근데 알바 수호천사는 언제 시작했어?"

"지난 5월에 고용노동부의 모집 공고를 보고 인경이와 유정이랑 같이 팀을 이뤄 지원했어. 담당하시는 분의 말에 의하면 경쟁률이 엄청 치열했다는데, 어떻게 뽑혔는지 잘 모르겠어. 아마도 출중한 미모(?)가 합격요인 아니었을까 싶은데……. 농담이야. 그냥 진심을 담아 열심히 지원서를 썼던 것이 도움이 되었을 거라 생각해."

"지원하는 데 자격이 필요하니?"

"청소년 근로권익에 대해 관심만 있으면 돼. 중·고등학생 누구나 지원 가능해. 총 30팀을 뽑는데, 각 팀은 3~5명으로 구성되어야 해. 우리는 3명이 한 팀인데, 그러다 보니 몸으로 뛰어야 할 때 누구 하나라도 빠지면 바로 표시가 나서 힘들어. 그리고 미션을 수행하려면 아무래도 팀원이 많은 게 유리한데, 그런 점에서 좀 부담스러워."

"어떻게 지원하는 건데?"

"매년 고용노동부 공식 블로그에 공지되고 있어. 지원서에 팀원들의 자기소개서와 블로그 운영이나 홍보활동 계획서를 덧붙여서 이메일로 신청했지. 사실 지금 생각해 보면 말도 안 되는 여러 가지 홍보계획들을 죽 늘어놓았고, 그중 몇 가지는 홍보전략으로 활용하기도 했어."

"언제 뽑아?"

"올해는 5월 중순에 원서를 마감하고, 합격한 청소년리더들은 5월 말에 1박 2일간 연수를 다녀와. 활동은 6월부터 11월까지 6개월간 하게 돼. 그 이후에는 1318 청소년리더들만의 카페를 통해 주요 업무 내용을 수고받고, 필요한 정보를 공유하게 돼. 주로 그 달의 활동 미션이 주어지는데, 매달 활동 내역을 보고하도록 되어 있어. 여기서 가장 중요한 것은 블로그를 어떻게 운영하는가 하는 점이야. 앞으로 이 활동에 지원하려면 1318 청소년리더들이 운영하는 블로그를 잘 챙겨 보는 것도 도움이 될 거야. 너도 활동하기를 원한다면 내가 가르쳐 줄게."

"그래. 나도 내년에는 한번 활동해 보고 싶어. 그런데 활동이 어렵지는 않니?"

"사실대로 말하면 아주 어려워. 학교생활하면서 블로그에 꾸준히 관심을 갖고 참여하는 것도 쉽지 않구. 또 시간 관리가 어렵다 보니 계획대로 밀고 나가기가 쉽지 않아. 우리처럼 팀원의 숫자가 적으면 거기에 따른 고충도 있어. 하지만 매월 홍보 미션을 수행하면서 청소년 근로권익 개선에 작은 힘이나마 도움이 된다는 것이 어려움을 능가할 만큼의 큰 보람이 돼. 사실 청소년 알바 십계명을 홍보하는 일은 인권 문제와도 관련이 있고, 노동시장이나 경제 문제에 대한 공부도 되기 때문에 초기에 열심히 공부해 두면 점점 아이디어도 늘고, 지식도 쌓여 가는 것 같아. 관련 포스팅을 계속 블로그에 올리다 보니 이것저것 아는게 많아져서 우리 팀원은 스스로 아주 뿌듯해하고 있어."

"청소년 알바 십계명이라고? 그게 뭔데?"

"응. 고용부가 제시한 청소년 알바 십계명 내용을 말해.

첫째 계명은, 원칙적으로 만 15세 이상의 청소년만 근로가 가능하다는 거야. 단, 만 13~14세 청소년은 지방고용노동관서에서 발급하는 취직인허증이 있어야 해.

둘째 계명은, 연소 근로자가 아르바이트를 지원할 때는 부모님 동의서와 연령을 증명하는 가족관계 기록사항에 관한 증명서를 제출해야 한다는 거야. 사업자는 이를 반드시 확인하고 사업장에 비치해야 해.

셋째 계명은, 근로계약서를 꼭 작성해야 한다는 거야. 사업주 역시 근로계약서 작성을 확인하고 교부해야 해. 근로계약서에는 임금(계산 방법, 지급 방법 포함), 소정 근로시간, 휴일, 휴가, 업무내용 등이 반드시 포함돼야 해.

넷째 계명은, 성인과 동일한 최저 임금(2012년 기준, 시간당 4580원)을 적용받는다는 거야. 네가 지금 시급으로 4600원을 받는다면 최저 임금보다는 조금 많이 받는다고 할 수 있지.

다섯째 계명은, 위험한 일이나 유해한 업종, 즉 유흥주점, 단란주점, 비디오방, 노래방, 전화방, 숙박업, 이발소, 안마실이 있는 목욕탕이나 사우나, 만화대여점, 소주방, 호프, 카페, 무도장, 성인오락실 및 도박장, 소각 또는 도살 업무, 유류(주유 업무를 제외) 또는 양조업장 등에서는 일할 수 없다는 거야. 우리 팀은 이런 업종에서 일하는 청소년들이 있는지를 유심히 살펴보고 있어.

여섯째 계명은, 하루 7시간, 일주일에 40시간 이상 일할 수 없다는 거야. 연장 근로는 연소 근로자와 합의가 필요하고, 하루에 1시간, 1주일에 6시간 이내에서 가능해. 야간 근로와 휴일 근로는 원칙적으로는 할 수 없어. 단, 연소자가 동의하고 지방고용노동관의 인가를 받으면 가능해. 수빈아, 혹시 너는 일요일에 근무하지 않니?"

"물론 근무하지. 아르바이트하는 첫날에 동의서를 썼어. 비록 읽어 보지는 않았지만 말야. 점장이 그냥 써야 한다고 해서 대충 사인을 했지 뭐."

"그랬구나. 그럼 일요일에 일하는 것에 대해서는 별도의 수당을 받고 있니?"

"잘 모르겠는데…… 알아봐야겠네."

"응. 한번 알아봐. 바로 일곱째 계명이 휴일에 일하거나 초과 근무를 했을 때는 50퍼센트의 가산 임금을 받을 수 있다는 거야. 5인 이상 고용 사업장이면 연장·야간·휴일 근로를 했을 때 가산임금으로 통상임금(시간급)의 50퍼센트를 더 지급받을 수 있어.

여덟째 계명은, 1주일에 15시간 이상 일하고 1주일 동안 개근하면 하루의 유급 휴일을 받을 수 있는 거야. 물론 아르바이트를 하는 경우는 해당되지 않아.

아홉째 계명은, 일하다 다쳤다면 산재보험법이나 근로기준법에 따라 치료와 보상을 받을 수 있다는 거고.

마지막 열째 계명은, 부당한 처우를 당하거나 궁금한 사항에 대한 상담은 국번 없이 1350으로 전화하라는 거야."

"참 좋은 내용이구나. 지금까지 활동한 소감은 어때?"

"학교 밖의 활동을 하면서 외부 친구들과 만나는 소중한 경험도 하고 있어. 우리만의 카페에서 열심히 활동하는 친구들의 모습을 지켜보는 건 기쁨이기도 하고 좋은 자극도 돼. 아, 그리고 중요한 게 있어. 매월 10만 원의 활동비가 문화상품권으로 지급된다는 사실이야. 그러니까 우리는 무상 노동이 아니라 어떻게 보면 고용노동부가 고용한 알바생인 셈이지. 그러니까 활동비를 받는 만큼 더 열심히 활동을 해야 겠다는 생각이 들어."

"뭐야? 봉사 활동이 아니고 활동비를 받는다고? 미리 좀 알려 줬더라면 나도 참가했을 텐데."

청소년 알바 수호천사들의 활동으로 청소년들의 근로환경에 대한 인식이 달라지고 있다고는 하지만 여전히 최저 임금조차도 받지 못하는 청소년들이 허다하다. 전국에서 30여 팀의 중·고등학교 1318 알자알자 청소년리더들의 활동이 청소년 아르바이트의 환경을 더욱 개선해 가는 데 선봉적인 역할을 하게 될 것이다.

아르바이트하는 청소년들이 부당한 처우를 당하지 않고 스스로 근로권익을 지켜 나갈 수 있도록 청소년 알바 십계명을 들고 현장에서 땀 흘리고 있는 1318 알자알자 청소년리더! 〈그대들이 진정한 국가대표입니다.〉

내가 너의 곁을 지켜줄게

솔리언 또래상담사

윙~

등교를 준비하는 초희의 휴대폰에 문자가 전달되었다.

초희는 서둘러 문자를 확인했다. 아침이나 밤늦게 오는 문자의 대부분이 상담을 요청하는 것이기 때문이었다. 지난 겨울방학 때 친구의 권유로 청소년지원센터에서 모집하는 솔리언 또래상담사 교육과정을 마치고 난 후 가끔씩 상담을 요청하는 문자가 오기 시작했다.

　– 혹시 오늘 상담 가능항가용?

　– 넹, 수업 마치고 오후 5시에서 6시까지 가능함다.

　– 신청할께용. 얼로 가면 되나영?

　– 일단 위클래스로 오심 됨다.

- 2학년 수지임다. 그때 봐영.

- 넹 ~

수업을 마치고 초희는 서둘러 위클래스를 향했다. 매주 1회 또래의 고민을 상담해 주는 또래상담사 봉사를 하는 곳이다. 위클래스는 학생들이 스스로 찾아가는 상담실이다. 상담선생님이 별도로 계시지만 선생님께 상담을 신청해서 상담을 받으면 가끔은 훈계를 들어야 하는 경우도 생기다 보니 자연스럽게 또래상담사를 찾는 경우가 많이 생겨나고 있다. 그래서 1주일에 한 번 상담하는 것이 부족하다고 느껴지지만 공부도 해야 하기 때문에 많은 시간을 내지 못해 늘 아쉬움이 있다. 다행히 또래상담사들이 많이 늘어 가고 있어 위안이 되기는 하다.

윙~

문자가 왔다.

- 나 밖에 왔는데…….

- 들어오면 돼.

처음 오는지 상담 신청자는 쉽게 상담실로 들어오지 못했다.

초희가 얼른 밖으로 나갔다. 문 밖에는 아무도 없었다. 계단 쪽에서 이쪽을 흘깃 바라보는 친구가 있었다. 초희는 서둘러 다가갔다.

"내가 이초희야."

"안녕. 부끄러워서 들어가기가 민망하네."

"괜찮아. 다행히 오늘은 아무도 없어."

"그래도 혹시 누가 올 수 있잖아?"

"그럴 수도 있겠지? 운동장 스탠드로 옮길까? 이 시간엔 자연스럽게 앉아서 이야기하는 친구들도 있으니까 말야."

"그랬으면 좋겠어."

"그럼, 먼저 가서 기다려 줄래? 농구 코트 쪽은 크게 방해받지 않으면서 자연스럽게 이야기할 수 있더라고. 난 들고 왔던 책이 있어서 챙겨 가지고 내려갈게."

"응."

농구 코트가 보이는 스탠드에 초희와 수지는 나란히 앉았다. 한 무리의 남학생들이 벌써 농구 코트를 차지하여 게임을 하고 있었다. 고함치는 소리가 들렸지만 이야기하는 데는 크게 방해가 되지는 않았다. 처음 또래상담을 시작했을 때, 초희는 많은 말을 했다. 상담 신청자의 말을 간단하게 듣고 나서는 이런저런 사례를 말해 주고, 해결 방법을 말해 주었다. 사례와 해결 방법을 듣고 수긍을 하는 듯했지만 일회성 상담으로 그치는 경우가 많았다. 뭔가 부족하다는 것을 느꼈다. 상담선생님들의 조언을 듣기도 하고 청소년센터의 심화교육을 받으면서 점차 듣는 것의 중요함을 알게 되었다. 말을 많이 해 주는 것보다 상담자가 가슴에 담고 있는 많은 것들을 밖으로 표현할 수 있도록 들어주는 것이 중요하다는 것을 알게 되었다. 초희는 오늘도 나란히 앉은 수지의 말을 많이 들을 준비를 하고 나왔던 것이다.

예상했던 것처럼 수지는 남자친구에 대해 이야기를 했다. 선생님이나 부모님께 이야기해도 큰 도움을 얻을 수 없다고 판단했기 때문에 또래상담사인 초희를 찾았던 것이다. 수지도 다른 친구들처럼 평범한 여고생이었다. 겉으로 보기엔 아무런 문제가 없어 보였다. 하지만 처음 본 모습은 무척 긴장하고 있었고, 얼굴엔 수심이 가득 차 있었다.

"이렇게 만나자고 한건 남자친구 문제 때문에 의논을 해보고 싶어서야."

"응, 그렇구나. 속상한 일이 많은가 보지?"

"답답하긴 한데, 누구에게 말을 할 수도 없어서……."

"네 마음을 알 것 같아. 나도 가끔 혼자서 끙끙대는 일들이 있어. 그럴 때면 마치 터널 속을 혼자 헤매고 있는 느낌이어서 많이 답답해."

수지는 가슴속에 담고 있던 이야기들을 하나하나 끄집어 내놓았다. 1시간이 어떻게 지나갔는지 모르게 흘러갔다. 수지는 처음 만났을 때의 어누웠던 표정이 많이 밝아져 있었다. 초희도 처음에는 긴장했지만 들어주면서 공감하는 가운데 서로의 마음을 읽을 수 있었다. 또 상대의 마음을 읽어 준다는 것의 힘을 느끼게 되었다. 자리를 털고 일어서는 수지의 모습이 한층 가벼워 보였다.

"가끔 문자해도 돼?"

"그럼. 이제부터는 친구로 생각해 주면 좋겠어."

"그래, 고마웠어. 오늘 저녁은 맛있게 먹을 수 있을 것 같아. 식당에 같이 가지 않을래?"

"좋지~. 아까 점심 먹을 때 저녁 메뉴를 봤는데 내가 좋아하는 카레라이스던데, 너는 어때?"

"나도 카레라이스 좋아해."

"생각만 해도 군침이 돈다. 어서 가자."

"그래."

어느새 초희와 수지는 친구가 되어 있었다. 구내식당으로 향하는 두 사람의 모습이 정겨워 보였다.

솔리언(solian)이란 'solve(해결하다)'와 'ian(사람을 뜻하는 접미어)'의 합성어다. 즉, '솔리언 또래상담'은 청소년의 고민은 청소년이 가장 잘 안다는 점에서 착안하여 일정한 훈련을 받은 청소년이 자신의 경험을 바탕으로 다른 또래들의 문제 해결을 돕는 것이다. 청소년의 문제를 스스로 해결하도록 장려하면서 청소년들의 정서발달에 그 목적을 두고 있다.

시청이나 구청에 마련된 청소년지원센터에 훈련 과정이 마련되어 있다. 초희는 친구가 추천해 주어 센터를 알게 되었다. 친구의 말을 들어주면서 고민을 함께할 수 있는 기회를 가질 수 있다는 면에 끌린 초희는 또래상담사가 되었다. 훈련 과정은 기초반과 심화반으로 나누어 진행되었다. 기초반은 이론 교육을 통해 자신에 대한 이해와 대인관계 등 기술을 향상시키는 데 초점을 두고, 심화반은 이론 교육보다 학교생활 등 실생활에 도움을 주는 심층적인 교육에 초점을 두고 진행되었다.

대개, 학교에서 상담반을 운영하고 있기는 하지만 CA 형식으로 이루어지는 것이기 때문에 많은 학생들이 또래상담의 혜택을 누리지 못하고 있는 것이 사실이다. 성적을 비관하여 초등학생이 자살을 하고, 청소년의 자살률이 매년 증가하고 있는 요즘, 학교 차원에서의 '또래상담사' 양성의 필요성이 강조되고 있다. 하지만 무엇보다도 중요한 것은 초희처럼 자발적으로 참여하는 청소년들이 많아야 한다는 것이다.

통계청에서 청소년들에게 "본인에게 고민이 있다면 누구와 상담하시겠습니까?"라는 설문조사를 한 결과 부모님 22.9%, 선생님 0.7%, 스스로 해결 12.1%, 기타(선후배, 형제자매, 상담원, 성직자 등) 9.8% 순으로 나타났고, '친구에게 한다'는 응답은 전체의 55.3%로 가장 높게 나타나 '솔리언 또래상담'의 활약과 중요성을 알 수 있다.

전국적으로 5만 8000여 명의 또래상담사가 활동을 하고 있다. 하지만 여전히 많은 청소년들이 또래상담사의 도움을 필요로 하고 있다. 청소년의 고민, 청소년이 직접 상담하는 솔리언 또래상담사 친구들! 〈그대들이 진정한 국가대표입니다.〉

독도는 우리 땅

고교생 독도 전문가

울릉도 동남쪽 뱃길 따라 이백 리

외로운 섬 하나 새들의 고향

그 누가 아무리 자기네 땅이라고 우겨도

독도는 우리 땅

경상북도 울릉군 울릉읍 독도리

동경 백삼십이 북위 삼십칠

평균기온 십이도 강수량은 천삼백

독도는 우리 땅

당신이 국가대표입니다

오징어 꼴뚜기 대구 명태 거북이
연어알 물새알 해녀 대합실
십칠만 평방미터 우물 하나 분화구
독도는 우리 땅

지증왕 십삼년 섬나라 우산국
세종실록지리지 오십 페이지 셋째줄
하와이는 미국 땅 대마도는 몰라도
독도는 우리 땅

러일전쟁 직후에 임자 없는 섬이라고
억지로 우기면 정말 곤란해
신라 장군 이사부 지하에서 웃는다
독도는 우리땅

"아버지! 독도는 우리 땅인데 왜 우리 땅이라는 노래를 따로 불러
야 돼요?"

광복절이 다가오자 텔레비전에서는 '독도는 우리 땅'이라는 노래가
자주 흘러나왔다. 텔레비전을 보던 석호는 신문을 보시는 아버지에게
물었다.

"응, 일본이 자꾸 자기네 땅이라고 우기니까 그렇지."

"우리나라 땅이 당연한데 왜 일본은 자꾸 자기네 땅이라고 하는 거예요?"

"원래 우리 땅인데 일본이 억지를 부리는 거야. 학교에서 배우지 않았니? 교과서에 나올 텐데? 중학교 가면 알게 될 거야."

초등학교 6학년 때 아버지가 무심코 대답해 주셨지만 석호는 중학생이 되었는데도 궁금증이 쉽게 해결되지 않았다.

고등학생이 되면서 궁금증을 스스로 풀어 보고 싶었다. 중학교 때 같은 학교에 다녔던 친구들과 모임을 만들어 보기로 했다. 같은 학교에 다니는 시영, 혜연 그리고 소윤과 첫 모임을 가졌다. 평소 독도에 관심을 가지고 있었고, 독도나 동해 표기 오류 같은 것을 볼 때마다 무언가 해야 한다고 생각했던 친구들이 모여 'Lumen for 독도'(독도를 위한 빛)라는 동아리를 만들게 된 것이다. 동아리 활동이 잦아지면서 독도에 대한 관심이 더 높아지게 되었다. 독도 문제에 관심이 많은 다른 학교의 동아리와도 연합을 하게 되었다.

수업이 끝나면 동아리방에 모여 역사책을 검토하며 토론을 거듭했다. 독도와 관련된 국내 전문서적은 물론 외국 문헌까지 샅샅이 살피다 보니 궁금증이 몇 가지로 간추려졌다. '독도가 우리 땅인 분명한 근거', '일본이 억지 주장을 하는 이유', '우리 정부는 왜 일본처럼 공격적인 자세를 취하지 않나', '독도 외 영토 분쟁이 벌어지는 곳은' 등이다.

동아리 활동을 하면서 공통적으로 궁금해하는 것들을 제대로 알아보고 다른 학생들에게 알리고 싶은 생각을 하게 되었다.

독도 관련 전문가를 찾는 게 급선무였다. 석호는 신문기사에 독도 관련 칼럼을 게재한 교수와 연구원 명단을 정리했다. 그중 '동북아 역사 재단'의 홍성근 박사를 찾아가 조언을 구했다. 취지를 들은 홍 박사는 적극 돕겠다고 나섰다. 호사카 유지 세종대 독도종합연구소장 등 다른 전문가도 소개해 주었다.

독도 전문가들과의 인터뷰 내용을 중·고등학생 수준에서 알기 쉽게 정리한 내용이 책으로 나왔다. 《동북아의 영토 문제 - 대결에서 화해로》라는 책이다. 중·고등학생들이 한 번쯤 생각할 수 있는 질문을 모았다. 학생들이 질문을 던지고 전문가들이 답하는 형식을 취해 쉽게 접근할 수 있도록 하였다.

'왜 영토 문제에 관심을 가져야 할까?', '영토는 역사적으로 어떻게 획정되었을까?', '영토 문제가 일어난 역사적 배경은 무엇일까?' 등의 기본적인 배경을 풀이해 주는 내용에서부터 '이 지역에서는 어떤 일들이 발생했을까?', '당사국들의 입장은 무엇일까?', '전문가들은 당사국들의 입상을 어떻게 평가할까?', '당사국들은 어떤 노력을 해 왔을까?', '영토 문제의 국제법적 의미는 무엇일까?', '영토 문제의 해결 방향은 무엇일까?' 등의 일련의 노력과 과정들을 통해 현재에 이르기까지 교과서에서는 얻을 수 없는 대답들을 전문가들의 입을 통해 들을 수 있었다.

매 학기 초가 되면 많은 학생들이 어수선한 학기 초의 분위기 속에서도 신중하게 선택하는 것이 바로 동아리 활동이다. 동아리 활동은 비교과 영역의 중요한 영역이다. 미리 준비하지 않거나 생각 없이 선택하면 일 년을 그냥 보내기 쉬운 것이 동아리 활동이다. 동아리 활동을 통해 자신이 관심 있는 영역에서 잠재된 능력을 발휘할 수도 있다. 《동북아의 영토 문제 – 대결에서 화해로》도 동아리 활동의 결과인 셈이다.

학교 내에도 관심을 가질 만한 좋은 동아리가 많이 있다. 고등학교 신입생이라면 교내 동아리에 대해 면밀히 살펴보고 신중하게 살펴볼 필요가 있다. 동아리 활동은 빠듯한 학업생활 중 자아실현을 할 수 있는 기회가 되면서 대학입시에도 든든한 지원군이 된다.

교내 동아리 외에도 지역이나 동일한 계열의 학교 또는 종교에 따라 고등학생들이 참여할 수 있는 연합동아리들이 있다. KIMC 고교연합(cafe.naver.com/hikimc)은 전국에 있는 고등학생들을 대상으로 미국 국회와 유엔총회의 의사결정을 배우는 모임이다. YUPAD(cafe.naver.com/yupad)는 전국 청소년 정치외교 모임이고, UHEC(cafe.naver.com/hotuhec)는 전국 고등학교 경제동아리 모임이다. HAFIA(cafe.naver. com/hffans)는 국제안보를 다루는 전국 고등학생 모임이며 KYPOD(cafe.naver.com/kypod)는 대한민국 청소년 토론 패널이고, Harbinger(cafe.naver.com/harbingerhq)는 영자신문을 만드는 고교연합 모임이다. 이 밖에도 다양한 영역의 연합동아리들이 있다.

동아리 활동에서 가장 중요한 것은 자신의 흥미와 적성을 파악하는 것이다. 연합동아리의 장점은 자신과 같은 흥미를 가진 친구들을 폭넓게 만날 수 있다는 점이다. 하지만 적극적으로 활동하지 않으면 자신의 존재를 발견하기 힘들 수도 있다.

만약 자신이 흥미를 가지고 있는 부문의 연합동아리가 없어서 연합동아리를 구축하고 싶다면 동아리와 함께 활동할 시민단체나 법인 등의 기관에 회원 모집을 부탁하는 편이 효과적이다. 여러 학교에서 회원들이 모이면 학교별 혹은 지역별로 세부적인 개별 프로그램을 만들어 별도로 진행하면 좋다.

자신의 꿈을 이루기 위해 기본적인 공부도 게을리하지 않으면서 자신의 관심의 영역을 교과서 밖에서 활동하는 연합동아리! 그중에서도 독도 관련 책을 펴내고, 우리 땅 독도 지킴이 활동을 펼치고 있는 연합동아리, Lumen for 독도! 〈그대들이 진정한 국가대표입니다.〉

합주는 사랑을 싣고

성북구립 장애청소년 합주단

무대에 오르는 아이들의 발걸음은 느릿느릿했고 위태로워 보였다. 넘어지지 않으려는 듯 앞사람의 옷깃을 잡은 아이들은 한 걸음씩 간신히 중심을 잡았다. 제 몸집의 반만 한 클래식 기타를 어깨에 멘 지연이 살짝 기우뚱거렸다.

"애들아, 천천히! 악기 때문에 잘못하면 넘어져."

맨 앞에 선 선생님의 목소리가 떨려 나왔다. 웅성거리던 객석도 순간 조용해졌다.

무거운 악기 때문만은 아니었다. 이들의 길을 밝히는 '눈'은 선생님의 손길과 앞사람의 옷깃뿐이었다. 9명의 아이들 중 6명은 한 치 앞도 볼 수 없는 상태였다.

무사히 제자리를 찾은 아이들 사이에서 이내 활기가 돌았다. 제각기 가방에서 클라리넷, 바이올린, 첼로 등을 꺼내 매만지는 손길이 분주했다. 500명가량 모인 객석 이곳저곳에서 호기심 어린 목소리가 흘러나왔다.

"대체 뭘 보고 연주를 하는 거지?"

"악보를 아예 외운다더군요."

"아이들이 참 대단하네요."

지휘자의 손이 올라가자 3명의 아이들만 고개를 살짝 들었다. 다른 아이들은 긴장한 채 귀를 세웠다. 잠시 정적이 흐르고, 피아노 앞에 앉은 편곡을 담당한 선생님이 건반을 눌렀다. 음악 시작을 알리는 '신호'였다. 곧바로 지휘자의 손이 허공을 젓자 악기들이 일제히 소리를 냈다. 구민회관엔 동요 '섬집아기'의 선율이 잔잔하게 울려 퍼졌다.

'섬집아기'에 이어 '재즈왈츠' 등 3곡이 더 이어졌다. 클래식 기타를 연주하는 딸 지연이를 지켜보던 어머니의 눈가에 맑은 눈물이 고였다. 시각장애를 안고 태어난 지연이는 자폐증까지 겹쳐 보지도 말하지도 못했다. 일곱 살이 될 때까지 대소변조차 가리지 못해 주변에서는 "시설로 보내는 게 어떻겠냐"고까지 했다.

지연이가 캄캄한 마음의 방에서 나올 수 있었던 것은 열네 살 때 접한 클래식 기타 덕분이었다. 기타 레슨을 받으면서 지연이는 전에 없이 "기분 좋다" "행복하다"는 말을 했다. 하루 3시간씩 연습을 빠뜨리지 않던 지연이는 전국청소년음악경연대회에서 은상을 수상했다. 지연이의 공연을 본 한 젊은 여성은 눈물을 흘리며 마음의 병을 이길 수 있다고까지 말했다.

피아노를 맡은 인호 어머니도 표정이 밝아졌다. 생후 한 달 만에 녹내장을 앓았던 인호는 여덟 살이 될 때까지 모두 19차례 수술을 받았지만 결국 시력을 잃고 말았다. 늘 혼자였던 인호는 합주단에 참여하며 친구들도 많이 사귀고 씩씩해졌다.

악보도 지휘도 볼 수 없지만, 아이들은 기억 속에서 음표를 끄집어내고 마음속에서 지휘를 그린다. 한 곡을 연주하기 위해 악보를 통째로 외워야 한다. 곡 한 마디 한 마디마다 일일이 박자의 세기나 음을 기억해 내야 한다. 그럼에도 불구하고 아이들은 마음의 눈으로 악보를 그리며 연주했다.

공연이 끝난 뒤 객석에서 박수가 쏟아졌지만 아이들의 표정은 못내 아쉬운 듯했다. 주변이 조금 어수선해서 잘 못한 것 같다며 고개를 숙이는 친구도 있었고, 예전에도 공연을 해 봤기 때문에 크게 떨리지는 않았다고 담담하게 말하는 친구도 있었다.

이날 공연은 성북합주단의 네 번째 무대였다. 성북구립 장애청소년 합주단은 장애아동과 비장애아동으로 구성된 합주단이다. 장애·비장애 아동이 함께 음악으로 하나 되어 만들어 내는 연주로 많은 관객들에게 감동을 주고 있는 성북구립 장애청소년 합주단의 모태는 성북시각장애인복지관이 2003년부터 운영해 온 '성북장애인예술단'으로, 성북구청이 재정지원을 결정하면서 구립예술단체로 재출범했다. 서울시 자치구가 직접 운영하는 장애인 예술단체로는 유일하다.

정식으로 합주단을 창단하면서 오디션을 거쳐 단원을 선발했다. 12명의 단원 중 시각장애청소년은 9명이고, 그중에 중복장애를 가친 아이들이 5명이나 된다. 일주일에 세 번 2시간 반 동안 성북시각장애인복지관에서 합주 연습을 한다.

단원 중 시각장애청소년이 9명이라 악보를 점역 작업을 통해 점자악보로 만들어서 연습을 한다. 지휘하는 선생님 외에도 바이올린 · 첼로 · 클라리넷 · 피아노 각 전공별 선생님이 한 분씩 계셔서 자세부터 손가락 짚는 것까지 옆에서 일일이 지도해 주면서 연습하고 있다.

한빛맹학교에 다니는 초등학교 4학년 민주는 첼로를 시작한 지 1년 반 정도 되었다. 민주는 첼로를 시작하면서부터 유명한 첼리스트가 되는 꿈을 꾸기 시작했다. 그 꿈을 이루기 위해서 레슨 시간에 녹음한 내용을 집에 가서 다시 듣고 혼자 연습을 한다. 레슨 받을 때는 선생님의 자세나 손가락 위치까지 손으로 만져 가면서 열심히 연주법을 배우고 있다.

시각장애인들은 보이지는 않지만 청각이 매우 발달하여 비장애인들보다 음감이 뛰어나고 음악적인 재능이 많다. 피아노를 연주하는 민주도 역시 그렇다. 민주는 어릴 때 언니를 따라 피아노 학원을 다녔다. 언니가 레슨 받을 때 배우는 걸 듣고 그대로 따라서 치기도 했다. 처음 들은 곡을 피아노로 연주할 정도로 음악적인 재능이 뛰어났다. 민주 어머니는 이런 민주의 음악적 재능을 발견하고 피아노, 바이올린, 첼로까지 여러 악기를 가르치면서 민주의 재능을 키워 주었다. 민주 어머니는 민주가 공연할 때 큰 악기를 의연하게 연주하는 모습을 보면서 늘 가슴이 벅차올라 눈물도 많이 흘린다.

성북구립 장애청소년합주단은 장애 아동과 비장애 아동이 함께하는 합주단이기 때문에 통합교육이 자연스럽게 이뤄지고 있다는 데 큰 의미가 있다. 3명의 비장애 학생 중에서 바이올린을 연주하는 초등학교 5학년 세영은 처음에는 장애인에 대한 편견이 약간 있었다. 하지만 자신보다 연주를 더 잘하는 모습을 보면서 신기해하기도 하고 자기도 더 열심히 연습해야겠다는 자극도 받게 되었다.

이렇게 시각장애 학생과 비장애 학생이 하나 된 마음으로 훌륭한 앙상블 만들어 내는 성북구의 '소리로 하나' 합주단! 〈그대들이 진정한 국가대표입니다.〉

봉사
활동

제3장 더불어 사는 삶 : 봉사 활동

창의적 체험 활동의 여러 활동 중에서 봉사 활동이 중요한 위치를 차지하고 있다. 고등학교 입시에서의 자기주도학습 전형과 대학의 입학사정관제 전형에서 봉사 활동은 중요한 비중을 차지한다. 각 대학마다 사회봉사 활동 특별전형으로 학생들을 모집할 만큼 봉사 활동이 대학입학에 영향력을 주고 있다. 봉사 활동은 개인적으로 건전한 인격형성을 도모하게 하며 자기 존재의 의미와 자기 존중감을 깨닫게 해 주고, 인간의 존엄성과 가치를 인식하게 하며 사회화를 돕는 계기가 된다. 봉사 활동을 하며 다른 사람과 협력하고 원만한 인간관계를 유지하게 함으로써 사회성을 기르고 자아를 실현하게 한다. 봉사 활동을 하는 동안 자기를 표현할 기회를 갖게 되어 자신감이 생기며, 다른 사람들과 협동하여 함께 일하는 가운데 잠재적인 지도력도 발휘하게 된다.

창의적 체험 활동에서의 봉사 활동은 시간의 많고 적음보다는 그 경험이 지니는 내용과 의미가 더욱 중요하게 평가된다. 봉사 활동의 진정성을 보는 것이다. 고등학교 입시나 대학 입시의 필요를 위해 시간을 투자하는 것이 아니라, 자신의 사고와 가치관 형성에 영향을 끼칠 수 있는 남다르고 의미 있는 경험을 해 보는 것이 중요하다.

학교에서 의무적으로 채워야 하는 봉사시간 외에 개인적인 봉사 활동 이력을 가능하면 많이 쌓아 두어야 한다. 입시용으로 박아 놓은 리스트가 아닌 다년간 비슷한 분야의 봉사 활동을 해 온 경험이 있어야 한다. 처음부터 봉사 활동의 의미를 알고 활동에 참여하는 경우는 많지 않다. 부모님의 손을 잡고 참여하거나 의무적인 봉사 활동 시간을 채우기 위해 참여하는 경우가 대부분이다. 하지만 강요에 의하거나 의무적으로 참여했다 하더라도 봉사의 진정한 의미를 깨달을 수 있어야 한다.

먼저, 자신이 가진 재능이나 소질이 무엇인지를 고민한 후, 어떤 봉사 활동을 하는 것이 좋은지 고려해 보아야 한다. 자신이 잘할 수 있는 것을 통해 봉사 활동을 하게 된다면 일시적으로 끝나지 않는다. 봉사 활동에서 가장 중요한 것은 얼마나 지속되는지의 여부다. 자신의 재능이나 소질을 살려 봉사 활동을 한다면 중학교, 고등학교를 졸업하고 대학에 진학해서도 계속 참여할 수 있게 된다. 따라서 봉사 활동에 참여하기 전에 나를 알아보는 과정이 필요한 것이다.

다음으로는 보람과 흥미를 느낄 수 있어야 한다. 봉사 활동은 스스로 원해서 참여하는 것이다. 즉, 자신이 가진 것을 나누는 것이다. 자신이 가진 시간을 나누고 자신의 재능을 나누는 것이다. 자신이 잘할 수 있고 즐길 수 있는 것을 나누게 되면 당연히 보람이 느껴지고 재미를 찾을 수 있다. 봉사 활동을 한 후 기록한 글에 누가 봐도 보람과 흥미를 느낄 수 있다면 좋은 봉사 활동이 된다.

마지막으로 의미 있는 봉사 활동이 되도록 하기 위해서는 멀리에서 찾을 것이 아니라 자신의 주변에서 찾아보아야 한다. 자신이 살아갈 공동체적 삶의 영역을 두루 체험함으로써 건강한 인성을 형성하고 배움을 실천해 가는 활동이어야 의의를 실현할 수 있다. 이런 봉사 활동을 통해 지역사회에 대한 이해를 넓힐 수 있다. 지역사회에서의 다양한 봉사 활동은 학생들이 학교에서 배운 것을 보충하고 심화시킬 수 있게 해 준다. 곧, 봉사 활동을 통해 교육의 장을 학교뿐만 아니라 지역사회에까지 확대하는 효과를 얻을 수 있다. 자신의 삶과 긴밀한 관계가 있을 때 봉사 활동의 진정한 의미를 느낄 수 있다.

여기에 자신이 잘하는 것과 자신이 좋아하는 것을 바탕으로 자신이 가진 것을 제대로 나누고 있는 대한민국 대표들이 있다. 그들의 이야기 속으로 들어가 보자.

우리가 만들어 가는 신 나는 세상

청소년운영위원회 I '청출어람'과 '안다미로'

"우리가 만들어 가는 세상, 멋있지 않나요?"

청소년(靑少年). 사전적 의미로는 아이가 어른이 되는 중간 시기, 성장 과도기를 말한다. 하지만 '푸를 청(靑)' 자를 붙여 놓은 것을 보면, 한 인간이 태어나 일생을 살아가면서 가장 푸르게, 가장 아름답게 빛날 수 있는 시기가 바로 청소년기가 아닌가 싶다.

그리고 여기, 그 청소년만이 가질 수 있는 아름다움과 향기를 그대로 발산하며 빛나는 친구들이 있다. 서울 동작구 대방동에 위치한 서울시립청소년수련관의 청소년운영위원회 '청출어람'과 고양시청소년문화의집 청소년운영위원회 '안다미로'이다. 청소년수련관이 청소년을 위한 시설이라고는 하지만, 그동안 운영의 모든 부분을 어른들이 담당했던 것도 사실이다. 청소년운영위원회 '청출어람'은 청소년수련관의 이용 당사자라고 할 수 있는 청소년 자신들이 주도적으로 활동하며 자신들의 목소리를 내는 활동을 하고 있는 학생 단체이다.

또 다른 청소년운영위원회 '안다미로'는 고양 시내 재학하는 중학생에서부터 고등학생 16명으로 구성되어 있다. 청소년 시설의 주요 사업에 직접 참여해 청소년 시각에서 프로그램 개발에 대한 도움을 주고, 필요한 사항을 논의하고 의견을 제시하며 청소년 문화 발전을 위해 일하는 학생 단체라고 할 수 있다. 학교 수업과 학원 공부로 바쁠 텐데도 '안다미로' 모임은 꼬박꼬박 챙겨 참석한다는 이 친구들은 '안다미로'의 매력에 푹 빠져 있다. 중학교 2학년인 대형은 학생 때 해 보고 싶은 것은 다 해 보자는 것을 신조로 살아간다. 청소년을 위한 프로그램을 찾기가 쉽지 않은데 '안다미로'를 통해 많은 것을 배우고 경험하는 중이다.

'안다미로'는 2주 간격으로 정모를 하고, 온라인을 통해 현재 활동히는 멤버들뿐만 아니라 졸업한 기수 선배들과도 자주 의사소통을 가질 정도로 활발한 활동을 펼치고 있다. 지원서 제출과 면접을 통해 '안다미로' 회원이 될 수 있다고 한다.

'안다미로'의 한 해는 바쁘다. 안다미로 홍보는 물론, 일 년에 두 차례 정도 신입생을 모집하고, 면접도 진행해야 한다. 친목을 다지기 위한 워크숍도 개최한다. 자체적으로 문화재 탐방이나 봉사 활동 같은 대외활동도 진행한다. 또한 타 지역의 청소년 기관 및 단체들과도 교류를 통해 정보를 나누고, 위원회의 발전적인 방향도 모색해야 한다.

청소년들이 원하고 만족할 만한 프로그램을 만들기 위해 머리를 짜내고, 준비도 많이 했다고 한다. 그 결과는 대성공! 접수를 받기 시작하자마자 마감이 될 정도로 성공적이었다.

하지만 이러한 보람의 뒷면에는 안다미로 친구들을 색안경을 끼고 보는 시선이 있어 여전히 아쉬움으로 남는다. 안다미로 회원들은 누구보다 열정적인 친구들이다. 안다미로 홍보를 위해 모교뿐만 아니라 다른 학교를 방문할 때도 많은데, 이른바 말하는 입시를 위한 스펙 쌓기식의 활동으로 많은 사람들이 바라보기도 한다.

물론 전부는 아니지만, 봉사 활동을 비롯한 대부분의 청소년 활동이 입시에 초점을 맞추고 달려가고 있는 교육 현실 속에 있다 보니 이러한 주위의 시선은 늘 존재한다.

안다미로, '넘치도록 많이'라는 뜻의 순우리말이다. 지금까지의 경험을 밑거름 삼아, 앞으로 펼쳐질 세상에서 그들의 능력을 '안다미로' 발휘할 파워맨이 될 것이다.

이에 비해 '청출어람'은 '청소년에서 출발해 어른이 되어가는 요람'이라는 뜻을 가지고 있는 청소년위원회이다. '청출어람'은 16세부터 22세까지 다양한 연령대의 청소년들이 활동하고 있다. 수련관의 주인이라고 할 수 있는 청소년들이 함께 청소년수련관 운영 방향이나 사업

계획 심의평가 등을 담당하는 역할을 하고 있다. 또한 청소년 역시 지역사회의 구성원으로서 함께 동참하고 있다는 인식을 심어 주는 데도 의미가 있는 활동이라고 할 수 있다.

'청출어람'은 매년 초 학생들을 모집한다. 누가 시켜서 하는 일이 아니라 수련관을 이용하는 많은 친구들을 위해 봉사한다는 마음으로 임해야 하는 만큼 굳은 각오와 마음가짐이 필요하다.

'청출어람'의 여러 활동을 통해 수련관 운영에 변화가 생겼다. 여성 위생용품을 화장실에 비치한다거나 청소년수련관 아래 카페의 메뉴가 좀 더 다양해졌으면 좋겠다는 '청출어람' 모니터링 결과 의견을 수련관에서 반영했다. 활동을 시작하면서 아동 관련 프로그램이 필요하다는 의견에 아동개발팀이 새로 조직되었고, 독서 공간이 필요하다는 의견에는 책가방이라는 독서 공간이 생기기도 했다. 대표적인 반영 사례 중 또 하나는 청소년의 목소리를 직접적으로 바로 전하는 소통의 장이 마련되었는데, 지금도 계속 관장과 청소년들의 정기적인 만남이 계속되고 있다.

'청출어람'과 '안다미로'는 청소년운영위원회 가운데 일부에 해당된다. 지방자치단체마다 청소년수련원이나 청소년수련관을 운영하고 있다. 청소년들이 청소년수련관 운영과 활성화에 자율적으로 참여하고 건전한 청소년 활동을 지원하는 참여기구를 운영하는 것은 청소년의 권리를 행사하는 것이다.

정해진 프로그램에 참여하고 불편한 것을 견디는 것만이 좋은 것은 아니다. 끌려가기보다는 스스로가 주인이라고 생각하는 청소년들이 미래를 이끌어 갈 주인공이 되는 것이다. "청소년수련관의 주인은 바로 우리다~!"라면서 자신들의 목소리를 크게 내고 있는 청소년위원회, '청출어람'과 '안다미로'! 〈그대들이 진정한 국가대표입니다.〉

사랑의 건축학개론

고등학생 해비타트 봉사단

인천공항에서 2시간의 비행과 12시간의 침대 기차여행을 마치고 현장에 도착하자 곧 작업복을 갈아입고 해비타트 건축봉사에 임하기로 했다. 건설현장에서는 해비타트 지역의 건축사와 몇몇 아저씨들이 기다리고 있었다. 학생들은 통역사의 도움으로 설명을 들으면서 일을 시작했다.

해비타트는 무주택 서민들의 주거 문제를 해결하기 위한 사랑의 집 짓기운동이다. 해비타트는 1976년 미국인 변호사 밀라드 풀러가 '행동하는 사랑(Love in Action)'이라는 표어 아래 창설했다. 한국에서는 1992년 해비타트 한국운동본부가 발족하며 시작되었다.

한국해비타트는 1994년 의정부에 3세대의 건물을 짓는 것을 시작으로 태백, 진주, 대구 등으로 그 활동 영역을 넓혀 갔으며, 총 11만 5000명의 자원봉사자가 참여해 국내 512세대, 해외 520세대 등 1천세대 이상의 건축 실적을 기록하고 있다.

건축은 빌딩 매니저, 하우스 리더, 크루 리더 등의 전문가(혹은 준전문가)와 자원봉사자들의 합심으로 이루어진다. 비전문가인 자원봉사자만으로는 건축이 불가능하기 때문에 한국해비타트는 5주 과정의 '목조학교'를 운영하여 이를 수료한 준전문가들을 전국 해비타트 현장의 리더로 활용하고 있다.

학생들의 일은 큰 집을 짓는 게 아니라 두세 명이 살 수 있는 원룸 식의 집을 짓는 일이었다. 건축가 아저씨들은 건축 디자인을 하는 것이 아니라 집의 균형을 맞추기 위한 작업을 했다.

주위를 둘러보니 학생들이 오기 전에 왔었던 봉사자들이 지은 집들이 널리 퍼져 있었다. 처음 도착하자마자 한 일은 간단했다. 벽돌 옮기기와 시멘트 섞기. 말만 들으면 아주 쉬울 것 같은데 현실은 그렇지 않았다.

한국의 벽돌처럼 조그마한 벽돌이 아니라 25킬로그램이나 되는 육중한 벽돌을 날라야 했다. 충전차가 기계적으로 시멘트를 섞는 것이 아니라 시멘트 가루를 옮기고, 물을 붓고, 흙을 넣어 열심히 섞어야 했다. 또 가만히 두면 굳어 버려서 계속 섞어 주어야 했기 때문에 허리, 팔, 다리가 남아날 일이 없었다. 집의 균형을 맞추기 위해 시멘트를 섞어서 붓는 것만 해도 엄청난 시간이 걸렸다.

처음에는 요령도 없고 너무 힘들어서 진행이 안 되었는데, 며칠 지나자 다들 요령을 터득하여 시멘트를 한 번 섞을 시간에 서너 번은 더 섞을 수 있게 되었다. 이번 해비타트를 통해 솔직히 건축에 대해서 배웠다기보다는 건축현장이 얼마나 고단하고 힘든 곳인지를 알게 되었다. 또 경우에 따라서는 건물이 잘 지어지지 않아 부수고 다시 지어야 하는 안타까운 상황도 겪었다.

학생들은 열흘 동안 집 2채를 지었다. 기초공사가 거의 끝날 무렵이 되자 벽돌 쌓는 것은 요령이 생겨 아무 일도 아니었다. 30분 만에 25킬로그램 벽돌 200개를 옮기는 걸 생각해 본 사람이 몇이나 될까? 5명의 팀원이 그것을 해냈다. 건축현장에서 일하는 아저씨들과 싱크로나이즈 되었다고 해도 과언이 아니었다.

일주일이 지난 뒤에는 나무 지붕 만들기와 페인트칠을 하기도 했다. 친구들은 벽돌 옮기는 일보다 지붕 만들기와 페인트칠하기가 쉬웠든지 어느새 모두 그쪽으로 이동했다. 힘이 세거나 눈치 없는 팀원들은 계속 벽돌을 날랐다. 처음에 그 집들을 완성시킬 수 있을지 걱정했는데 역시 그 집들을 완성시키는 것은 무리였다.

나중에 안 일이지만, 원래 한 팀이 다 끝내지 않고 첫 번째 팀은 벽돌 쌓기까지만 한다고 했다. 학생들이 한 집의 지붕까지 지었으니 엄청난 성과가 아닐 수 없었다.

벽돌 1개를 나르고, 2개를 나르고, 10개를 나르고, 개수가 100개를 넘고 시간이 지나자 온몸이 녹초가 되었다. 바람이 선선히 부는 날씨인데도 학생들의 몸은 땀으로 흠뻑 젖었다. 어깨가 쑤시고 허리에 통증이 밀려왔지만 장난감이 아닌 진짜 집 모형이 만들어졌을 때는 뿌듯함이 밀려왔다. 벽돌을 하나하나 쌓아올리듯 삶도 이렇게 하나하나 완성되어 간다는 생각에 기뻐서 가슴이 벅차올랐다.

건축현장 마지막 날에는 같이 일해 주신 집주인 가족들과 함께 현지 한국 음식점에서 시킨 육개장, 설렁탕 그리고 제육볶음을 먹었다. 일한 뒤에 먹는 음식은 말로 표현할 필요 없이 맛있었고, 그동안 친해진 현지인들과 같이 먹으니 더 꿀맛이었다. 열심히 땀 흘린 대가로 얻은 입맛도 소중한 경험이었고, 건축이라는 것이 그럴듯한 디자인만으로 완성되는 것이 아니라 이렇게 기초공사부터 차근차근 땀과 노력으로 이루어진다는 것을 너무도 절실히 깨닫게 되는 소중한 시간이었다.

벽돌을 쌓고, 시멘트를 섞어 벽을 바르고, 나무에 못을 박아 지붕을 만들고, 내부를 장식하는 이런 일들이 그냥 쉽게 이루어지는, 어른들이면 누구나 다 할 수 있는 일인 줄 알았는데 실제로 건설현장에 와 보니 현실은 그렇지 않았다. 세상에 아무것도 쉽게 이루어지는 것은 없는 것 같았다. 자신들의 노력과 땀이 결실을 맺어 누군가에게 기쁨과 희망이 될 수 있다는 것이 무척이나 큰 기쁨이었다.

영어 단어 'habitat'는 주거환경, 거주지, 보금자리라는 의미를 가지고 있다. 봉사 활동으로서의 해비타트는 집의 구실을 할 수 있는 거주지를 가지지 못한 사람들에게 "간단하고, 제대로 된, 감당할 수 있는 (simple, decent, and affordable)" 집을 지어 주자는 목적으로 95개 국가가 전 세계적으로 활동하고 있는 사회운동이다.

1965년에 미국인 변호사 밀라드(Millard)가 기독교인이 모여 사는 코이노니아 농장에 처음 방문하여 협동주택의 아이디어를 얻었고, 1969년에 최초의 동역주택을 완공하였다. 정식으로는 1976년에 밀라드와 그의 부인 풀러(Fuller) 부부가 텍사스의 샌 안토니오에서 수혜자가 무이자로 천천히 조금씩 갚아나가도록 여러 사람이 자금을 모아 집을 지어 주면서 시작되었다.

한국의 해비타트는 1989년 고왕인 박사가 해비타트 설립 준비에 착수하여, 1992년 한국의 정근모 박사가 이사장, 고왕인 박사가 실행위원장이 되어 임의 단체 해비타트 한국운동본부가 발족되었고, 1994년에는 의정부에 한국 최초 해비타트 주택 3세대를 건축하였다. 1995년에는 한국 사랑의 집짓기운동 연합회라는 이름 아래 건교부 산하 비영리 공익법인 정식 인가를 받아 활동을 시작했다.

봉사는 크게 국내자원봉사, 해외자원봉사로 나뉜다. 국내자원봉사는 희망의 집짓기와 희망의 집 고치기로 나눌 수 있다. 평일 또는 주말에 개인 또는 단체 봉사자가 원하는 날짜만큼 신청하여 건축자원봉사자로 참여할 수 있다. 주로 4~10월에 지회마다 진행되는 건축사업에 참여할 수 있으며, 일요일은 봉사를 진행하지 않는다. 희망의 집 고치기는 소년소녀 가장, 독거노인, 장애인 등의 열악한 주거환경 개선을 위한 주택수리 사업으로 자원봉사 팀을 구성하여 수시로 진행된다.

해외자원봉사 프로그램에는 기본적으로 'Global Village Program'이라는 이름으로 팀 단위의 자원봉사자가 현지 주민과 홈파트너와 협력하여 집을 짓는 활동이 매년 전 세계적으로 이루어지고 있고, 그 외 일정 기간 타 단체의 후원과 함께 진행하는 프로그램이 있다.

해비타트 운동에 참여하는 방법은 재정적인 후원과 자원봉사 활동이 있다. 고등학생 신분으로 할 수 있는 봉사가 우리 사회에 많이 있지만, 해비타트운동 자원봉사는 육체적으로 힘들긴 해도 특별한 보람과 감동이 있다. 봉사 활동에 참여하면서 주위에도 잘 살펴보면 도움이 필요한 곳이 많다는 것을 알 수 있으며, 미약하지만 자신의 능력을 나누는 것이 도움이 필요한 사람들에게는 큰 힘이 될 수 있다는 것도 느끼게 된다.

분명 자신이 가진 작은 힘을 나누었는데 힘든 봉사 활동을 마친 학생들은 자신의 꿈이 더 명확해졌다는 말을 자주 한다. 짧은 기간이지만 희망의 집짓기와 집 고치기에 참여하고, 열악한 환경의 오지마을을 찾아가 해외에서 집을 지으며 구슬땀을 흘리는 해비타트 학생자원봉사단! 〈그대들이 진정한 국가대표입니다.〉

봉사의 진정한 의미

오상기(잠신고등학교)

고등학교 1학년인 상기는 교회를 통해 아프리카 봉사단에 참여하게 되었다. 전국에서 모인 누나들, 형들과 함께 아프리카의 케냐로 가는 해외봉사 활동이었다. 인터넷을 통해 케냐에 대해 알아보았다. 모든 것이 생소했다. 동아프리카 나라들 가운데 우리나라 대사관이 가장 먼저 생긴 나라인데도 아는 것이 거의 없었다. 그 유명한 세렝게티가 케냐의 국경지대에 있다는 것이 새로 알게 된 사실이었다. 단지 마라톤을 잘하는 나라라는 것만 알고 있었다.

해외로 봉사 활동을 간다는 것 자체만으로 마음이 설레었다. 어머니를 따라 국내봉사는 많이 해 봤지만 해외봉사는 처음이었다. 기대는 있었지만 정보는 없었다. 아프리카에 관한 다큐를 볼 때마다 때론 마음이 많이 아팠고, 한비야 선생님의 책을 읽노라면 먹을 것이 없어 매일매일 죽어가는 아이들, 텔레비전 프로그램 속 단비에서 우물 파기 등을 보고 상기는 그들에게 단비가 되어 주고 싶다는 생각이 들었다.

한국의 봉사단은 어떻게 하면 그들과 격의 없는 친구가 될 수 있을까. 케냐의 맑고 푸른 하늘처럼 어린이들에게 꿈과 희망을 전하고 싶은 마음이 앞섰다. 케냐는 무더운 여름이었다. 처음 슬럼가(빈민가)에 있는 학교에 갔을 때 상기는 아이들의 활기찬 얼굴을 보았고, 아이들의 슬픈 두 눈동자를 읽을 수 있었다.

그들에게 하루 한 번의 식사는 오직 학교 급식 시간뿐이었다. 봉사단은 가지고 간 한국음식과 그 곳 시장에서 구입한 쇠고기로 정성껏 식사를 준비했다. 처음 먹어 보는 한국음식이 최고라며 고마워하는 아이의 두 눈에 맺힌 이슬이 상기의 마음을 아프게 했다. 상기는 지금껏 감사를 모르고 살았구나 하는 마음에 어디론가 숨어 버리고 싶었다.

상기는 무엇이든 그들과 함께할 수 있다는 자신감이 들어 매우 기쁘게 생각되었다. 다행히 아이들도 잘 따라 주었고, 많이 걱정했지만 영어로 대화도 재미있게 나누었다. 그렇지만 매우 아쉽게 생각되는 것은 교육봉사라는 한계였다. 물론 과학실험과 운동회, 슬럼가의 고아원 방문, 한 번도 가 보지 못한 아이들의 소원인 동물원 소풍도 갔다. 열악한 환경, 더구나 아이들이 양철과 기타 폐자재로 만든 부실한 학교에서 공부하는 것이 매우 안타까웠다. 다음에는 교육봉사가 아닌 실질적인 도움이 되는 봉사를 하고 돌아오고 싶었다.

상기는 봉사란 하면 할수록 재미가 있어야 한다고 생각한다. 그래야 의미가 커지기 때문이다. 말로는 봉사를 한다고 하면서 이해관계를 따지거나, 시간이 아깝다고 대충대충 때우거나, 짜증을 내며 남의 봉사를 방해하거나, 마지못해 시간만 때우는 식의 형식적이고 소극적인 봉사는 아무런 의미가 없다고 생각했다.

한국에 돌아오는 날, 봉사단 일행과 케냐 아이들은 서로 하나가 되어 이 세상을 아름답게 가꾸어 나갈 것이라고 다짐했다.

케냐를 다녀온 상기는 이미 많이 성장해 있었다. 아프리카 봉사는 책상 앞에서 공부하는 것보다 세상에 대한 눈을 키워 올 수 있는 기회라며 아버지가 처음 권유했을 때 가지 않겠다고 생각한 자체가 부끄럽게 생각되었다.

두 달의 준비기간을 거쳐 20일 일정으로 케냐를 다녀왔다. 상기의 역할은 영어교육과 태권도 지도였는데, 그곳 아이들과 함께하면서 기부의 당위성이 자연스레 생겼다. 케냐에 가기 전에는 혼자 잘 살면 되고 자신이 편하면 그만이다는 생각을 많이 했는데, 어려운 현실을 눈으로 확인하고 나니 '더불어 잘사는 것이 자신과 모두가 행복한 일이다' 는 생각을 하게 되었다.

아프리카 봉사 활동을 계기로 학생회장 선거에도 출마했다. 공부에 전념해야 할 고교생활이지만 뜻 깊은 경험을 하고 싶었던 것이다. 초등학생 때부터 학급 임원, 전교 임원을 했지만 남은 고등학교 기간에 뭔가 의미 있는 일을 하고 싶었기 때문이다. 그렇게 학생회장에 당선되어 지난 일 년을 정말 바쁘게 보냈다. 깨끗하고 인사 잘하는 학교 분위기를 만들기 위해 캠페인 활동을 벌이기도 했고, 급식 개선을 위해 힘썼다. 고교선택제 학교 홍보에도 누구보다 열심이었다.

케냐 봉사를 통해 한 단계 성장한 상기는 학생회장이라는 자리를 통해 많이 성숙해질 수 있었다. 사람을 대하는 자세와 인내를 배웠다. 교내 매점을 만들겠다는 공약을 이행하지 못해 마음고생도 많이 했다. 매점 설치에 대한 찬반투표를 하고 학교 측과 조율을 했는데, 사정과 원칙에 의해 관철되지 못한 걸 보고 나라 정치도 비슷하겠다는 생각을 하게 되었다.

학생대표로 다양한 경험을 하면서 일종의 사회생활을 미리 맛봤다고 할 수 있다. 떨어진 성적이 현실을 확인시켜 주었지만 공부보다 가치 있는 경험이었다고 상기는 자신 있게 말한다. 상기는 송파구학생회장모임도 조직했다. 학생회 캠프를 통해 만난 지역의 친구들과 함께 뜻을 모아 인터넷 카페를 만들고 서로 도움을 주고받자는 취지로 결성하였다. 학교 축제 준비에 도움을 주고받을 수 있고, 학생회 활동에 대한 정보를 공유했다. 함께 봉사 활동도 하고 친목도모도 하자고 결성 목적까지 뚜렷하게 정했다.

상기는 자신의 멘토로 아버지를 꼽는다. '우물 안 개구리'처럼 공부만 하도록 독려하지 않고 다양한 경험을 할 수 있도록 자극을 주기 때문이다. 어느 순간 상기의 꿈이 되어 버린 봉사 활동에도 아버지는 이미 참여하고 있고, 자신이 10년 후에 가고자 하는 길을 아버지가 먼저 걸어가고 있어서 늘 자랑스럽다.

"저의 최종 목표는 사회 기업을 운영하는 거예요. 때문에 경영이나 사회 계열을 공부해 보고 싶어요. 가능하다면 UN처럼 의미 있는 일을 하는 큰 단체를 이끌어 보고 싶습니다."

가슴에 품은 따뜻한 꿈을 실현시키기 위해 상기는 늘 현재를 즐기며 살아간다. 중3 때 외고를 목표로 잠시 공부했는데 시험을 앞두고 스트레스가 심해져 시험에 응시하지 않고 현실을 도피해 버린 경험이 있었다. 공부가 안 되면 당시를 떠올리며 다시는 실수하지 않겠다는 생각과 봉사 활동을 하면서 삶의 의미를 찾겠다는 희망을 품에 안고 오늘 하루에 충실한다.

봉사는 봉사의 진정한 의미를 알게 된 순간부터 시작된다. 기회가 생겨 해외로 봉사 활동을 떠나 보는 것도 좋은 일이지만 바로 나의 주위에서 봉사의 의미를 찾아보자. 봉사를 통해 나눔의 기쁨을 이웃과 함께 느끼는 순간 우리 사회는 밝아지기 시작하는 것이다.

리더십과 봉사 활동으로 꿈을 키우고 있는 오상기! 자신의 미래를 스스로 만들어 가고 있는 오상기, 〈그대가 진정한 국가대표입니다.〉

꿈은 희망과 함께 연주된다

우리 동네 오케스트라

음악이 한 사람의 인생을 완전히 변화시킬 수 있을까? 총을 들고 거리를 떠돌던 아이가 오케스트라의 바이올린 연주자가 되어 콘서트에 참여하고, 하루 벌어 하루 먹고사는 고단한 삶을 술과 마약에 기대어 견뎌 내던 사내가 아들의 연주를 듣기 위해 클래식 공연장을 찾는 일이 가능할까? 이런 기적과도 같은 일이 베네수엘라에서는 지난 35년 동안 30만 명의 삶에서 매일같이 일어났다.

남미 최대의 산유국이지만 극심한 빈부격차로 전 국민의 30퍼센트 이상이 빈민층인 나라, 총격 사건과 마약 거래, 폭력으로 얼룩진 나라 베네수엘라에서 빈민층 아이들에게 무료로 악기를 나눠 주었다. 그리고 오케스트라 연주를 가르쳐 아이들을 가난과 폭력에서 구해 주었다. 베네수엘라의 음악 교육 시스템 '엘 시스테마(El Sistema)' 이야기이다.

엘 시스테마는 1975년 경제학자이자 음악가인 호세 안토니오 아브레우가 최초의 국립 청소년 오케스트라를 창립하면서 시작되었다. 빈민가의 차고나 창고를 전전하며 연습하던 오케스트라는 국내외에서 성공적인 공연을 치르며 규모를 키워 나갔고, 오케스트라 멤버들은 전국 각지에 음악교육센터를 세워 빈민가 아이들에게 악기 연주를 가르치기 시작했다. 그 가운데 60퍼센트 이상이 사회 경제적 빈곤 계층으로, 가난과 폭력에 무방비 상태로 노출되어 있던 아이들은 음악을 배우며 비로소 자신이 소중한 존재라는 것을 자각하고, 미래를 꿈꾸게 되었다. 처음부터 솔로보다는 오케스트라 연주를 중심으로 실시되는 음악 교육은 거리를 떠돌던 아이들에게 소속감을 안겨 주고, 단체 생활을 통해 질서와 규율, 책임과 의무, 배려와 헌신 등의 가치를 익히게 해 건강한 사회구성원으로 살아갈 수 있는 바탕을 마련해 주었다.

베네수엘라에서는 전국의 221개 음악학교와 500개가량의 오케스트라에서 30만 명의 어린이·청소년들이 음악을 배우고 있다. 그늘은 세계적인 음악가로 성장한 구스타보 두다멜이나 에딕손 루이즈를 바라보며 탁월한 음악가를 꿈꾸기도 하고, 음악 이외의 분야에서 자기 자리를 찾아가는 멋진 선배들을 보며 또 다른 미래를 꿈꾸기도 한다. 지난 35년간 엘 시스테마가 이룬 가장 큰 업적은 함께 연주하며 자기 앞에 놓인 불행과 싸워 나간다면 누구에게나 더 나은 미래가 기다리고 있을 거라는 '음악의 약속', 꿈꾸는 자만이 세상을 바꿀 수 있다는 흔들림 없는 믿음일 것이다.

한국형 엘 시스테마를 소망하며 서울시립교향악단이 서울시, 구로구와 협약을 맺고 구로구 저소득층 아이들을 포함한 초등학교 3학년 30명을 선발해 무료로 첼로와 바이올린을 지도해 왔다. 일명 '우리 동네 오케스트라'로, 지역밀착형 어린이 예술교육 프로그램이다.

'우리 동네 오케스트라'는 매년 초등학교 3학년 학생 30명을 선발해 2013년까지 초등 3~6학년 120명으로 구성된 어린이 오케스트라를 꾸릴 예정이다. '우리 동네 오케스트라'는 구로구에서 처음 진행되었다.

'우리 동네 오케스트라'는 오케스트라 음악교육을 통해 아이들에게 자존감을 높여 주는 프로그램이다. 아울러 악기를 연주하면서 서로 배려하는 마음을 알게 하여 소통하는 능력을 길러 준다. 이로 인해 아이들은 삶에서 늘 긍정적인 면을 발견하게 될 것이다. 삶의 긍정적 변화는 곧 자신의 변화와 더불어 가장의 변화, 나아가 지역의 변화를 가져올 것이다. 문화적으로 소외된 지역 어린이들을 음악적 재능 여부와 관계없이 선정하여 오케스트라를 통한 음악적 단체 활동을 경험하게 하는 것이다. 엘 시스테마가 배출한 세계적인 지휘자 구스타보 두다멜처럼 '우리 동네 오케스트라'에서도 언젠가 유능한 음악가가 나오기를 기대해 볼 수 있지 않을까.

처음에 '우리 동네 오케스트라'를 시작할 때만 해도 아이들이 소리를 제대로 낼 수 있을지 의문이었다. 그러나 아이들은 하루하루 달라지는 실력을 보여 주면서 그런 의문을 놀라움과 기대로 바꿔 나가고 있다. 악기를 전혀 다루지 못하던 아이들이 6개월 사이에 바흐의 '미뉴에트', 모차르트의 '장난감 교향곡' 등을 연주할 수 있게 된 것이다. 선생님들의 열성적인 레슨뿐 아니라 친구들과 함께 멋진 음악을 완성해 나가는 과정에서 아이들 모두 한마음으로 즐거워하며 연습한 결과이다.

입단할 때만 해도 친구들과 자주 다투던 아이가 시간이 흘러가자 연습 후 의자와 보면대를 솔선수범해서 정리하고, 다른 아이들을 챙겨 주는 모습을 보이는가 하면, 학원을 네다섯 군데 다니던 아이는 오케스트라 활동이 너무 재미있어 오케스트라 활동에만 매진하면서 조용하던 성격도 활기차게 변했다. 오케스트라 시간이 제일 기다려진다면서 수업시간보다 한 시간 먼저 와서 스스로 연습하는 아이도 있다.

개인적인 연주 실력을 키우기보다는 아이들 한 명 한 명이 가치 있는 사람이라고 느끼도록 하며, 음악에 있어서 즐거움이 가장 중요한 요소임을 인지시킨 결과이다. 또한 서로의 연주에 귀 기울이며 하모니를 만들어 가는 과정을 통해 다른 사람을 이해하고 배려하는 마음을 자연스레 가지게 된 것이다.

현재 '우리 동네 오케스트라'는 인원도 30명에 불과하고, 악기 편성도 바이올린과 첼로가 전부로 아직 정식 오케스트라로서 부족한 점이 많다. 앞으로 서울시는 구로구 초등학교 학생 30명씩을 연차적으로 증원하여 2013년에는 인원을 120명으로 늘리고, 관악기·타악기의 편성도 늘릴 계획이다. 머지않아 서울시 전 지역으로 확산할 예정이다.

구로구에서 시범적으로 운영된 '우리 동네 오케스트라'는 도봉구에서도 시작되었다. 처음에는 아이들에게 연주만 시켰는데, 이화여대 산학협력단과 연계하여 연구논문도 발표하였다. 연구를 하지 않아도 어느 정도는 짐작할 수 있지만 실제 연구에서도 음악교육을 통해 아이들의 성격에 긍정적인 변화가 많이 일어나고 있다는 것이다.

음악은 듣는 사람의 마음도 움직이지만, 연주하는 당사자도 정말 행복해지는 것을 알 수 있었다. 아이들의 목소리에 행복이 묻어나고 있었다. 아이들은 함께 악기를 연주하면서 서로를 배려하고 이해하는 법을 배워 나가고 있는 것이다.

오케스트라 활동이 자양분이 되어 앞으로 세상을 살아가는 데 많은 도움이 될 것이다. 꿈과 희망을 연주하는 '우리 동네 오케스트라!' 〈그대들이 진정한 국가대표입니다.〉

통일의 그날까지

탈북자를 위한 봉사 활동 동아리 | 'NK Aid'와 'ENKO'

탈북자들이 많이 찾는 서울 국립의료원 '북한이탈주민 상담실'에는 정기적으로 찾아오는 '어린 손님'들이 있다. 서울국제고등학교에 다니는 승현이와 이 학교의 동아리 'NK Aid' 소속 학생들이 그 주인공이다. 이들은 일주일에 한 번씩 국립의료원에 입원한 탈북자들을 찾아와 이야기를 나누며 아들딸 역할을 한다.

승현은 신문에서 '재미교포 고등학생이 탈북자들을 위해 영어교사로 봉사하고 있다'는 내용의 기사를 읽었다. 재미동포 3세인 미국 고교생이 최근 방학을 이용, 한국을 찾아와 탈북 청소년들을 대상으로 영어를 가르치고 이들에게 후원금까지 전달해 화제가 되고 있다.

보스턴 근교에 있는 도버 셔본 고등학교 2학년인 앤드루 안이라는 재미교포가 방한한 뒤 탈북자 정착을 돕는 NGO인 '새롭고 하나 된 조국을 위한 모임'을 찾아와 탈북 청소년 3명을 거의 매일 만나 영어 회화와 듣기를 지도하고 있다는 기사였다.

승현은 탈북자 지원 단체인 '새롭고 하나 된 조국을 위한 모임'(새조위)을 찾으면서 인연이 시작되었고, 이를 계기로 서울국제고등학교에 북한 관련 동아리 'NK Aid'도 만들었다.

승현을 비롯한 같은 학교 학생들은 '새조위'의 영문 홈페이지를 만들고 탈북자들의 편지를 번역하는 봉사 활동을 꾸준히 해 오다 아예 국립의료원을 찾아 탈북자들을 돕고 있다. 국립의료원은 의료비 지원이 가능하고, 탈북자 전문상담사가 상주해 서울 등 수도권에 거주하는 탈북자들이 많이 찾는 병원으로 매일 15~20명의 입원 탈북 환자를 볼 수 있다. 서울국립의료원에 입원 중인 북한이탈주민들은 탈북 과정에서 고생을 많이 해서 대부분 건강상태가 좋지 않았다. 한국에 와서도 힘든 일을 많이 하기 때문에 없던 병이 생기는 경우가 많다고 한다. 북한이탈주민들이 의료비 지원을 받을 수 있는 곳이 바로 국립의료원이다. 이런 국립의료원에 매주 수요일에 'NK Aid' 회원들이 봉사 활동을 하게 된 것이다.

학생들이 병원을 처음 방문했을 때는 어색함이 흘렀다. 북한에서 온 낯선 어른들과 무슨 이야기를 나눠야 할지, 무엇을 도와줘야 할지 몰라 쭈뼛거렸고, 탈북자들도 어떤 이야기를 해야 할지 몰라 먼 산만 바라보았다. 보다 못한 상담사들이 학생과 환자 사이에 앉아 물꼬를 터주었다.

두 달여가 지나자 상황이 많이 달라졌다. 승현과 'NK Aid' 동아리 소속 학생 12명은 주말이나 시간이 날 때마다 주 1회 이상 이곳을 찾아 서슴없이 탈북자들과 이야기꽃을 피운다. 질병도 질병이지만 고향을 떠나 외로운 삶을 살아가는 탈북자들에게 아들딸 같은 학생들과의 이야기는 날이 갈수록 정겨워졌다. 병문안 오는 가족 하나 없는 탈북자들에게 학생들의 방문은 그 자체로 큰 위안이 된다. 따뜻한 말 한 마디에 마음이 녹는다는 느낌을 받았다.

탈북 환자들 중에는 북한에 두고 온 아들딸이 생각나 눈물을 훔치는 이도 있다. 자녀를 먹여 살리려고 중국으로, 한국으로 왔지만 자식과 비슷한 나이의 학생들을 보면 북한에서 부모 없이 고생할 자녀들이 눈가에 아른거린다는 것이다. 고통스럽고 외로운 병원 생활을 해야 하는 환자들은 빠듯한 용돈으로 빵이며 음료수를 사들고 병실을 찾아와 아들딸이 돼주는 학생들에게 한없이 고마워했다.

자식이라고 생각해서인지 학생들에게 주문도 많다. 병실의 문을 나서는 승현의 등 뒤에다 "공부 열심히 해라", "부모님께 효도해라"라고 엄마나 아빠처럼 똑같이 말씀하신다. 승현은 이런 이야기를 들을 때면, 북한이 멀게만 느껴졌는데 이런 걸 보면 한민족이라는 생각이 든다며 미소를 지었다.

'NK Aid'와는 조금 다르지만 탈북자들을 위한 봉사 활동을 하는 또 다른 동아리가 있다. 우리 청소년들이 주도하는 영어교육봉사 동아리 '엔코(ENKO, English for North Korea Refugee)'이다. 엔코는 온라인 웹사이트(http://www.myenko.org/)를 개설하고 회원모집 등 본격적인 활동에 나섰다. 이 동아리에 참가하는 청소년 10여 명은 매주 한 차례 서울 강서구 가양7종합복지관에서 탈북자 가정의 청소년에게 영어를 가르치고 있다.

이 모임은 경제적 형편으로 과외를 받기 어려운 탈북 청소년이 영어를 배울 수 있도록 기회를 주자는 취지에서 구성되었다. 그동안 유학생 등을 중심으로 개인적 차원에서 이뤄지던 탈북 청소년에 대한 영어교육봉사 활동이 이처럼 조직적으로 확대되었다는 점에서 눈길을 끌고 있다. 봉사에 참여하는 청소년들도 한반도의 분단 현실과 통일에 대해 새롭게 인식하는 계기가 되고 있다.

동아리 '엔코'는 영어교육뿐만 아니라 남북 청소년 간의 '소통의 장'이 된다. 같은 또래로서 인생의 관심사나 고민의 유형이 비슷하기에 남들에게 말하기 힘들었던 부분까지 서로 공유하며 친구로 지낼 수 있기 때문이다.

통일부 산하 탈북자지원기관인 '하나센터'가 탈북 청소년을 소개하고, 대기업 하이닉스는 각종 교육자재와 차량을 지원하는 등 정부와 기업도 '엔코'의 활동을 적극 지원하고 있다. 동아리는 영어를 가르칠 수 있는 청소년 회원을 점차 늘려 더 많은 탈북 청소년이 영어를 쉽게 배울 수 있게 된다.

탈북 환자들의 말벗이 되어주는 서울국제고등학고 'NK Aid'! 탈북하여 문화적 충돌을 겪고 영어가 부족한 이들을 위해 영어교육 봉사를 하는 'ENKO'!〈그대들이 진정한 국가대표입니다.〉

드림하이

용강중학교 꿈나무 샘

'무서운 10대'… 초등학생 공부방에 원정 간 이유는?"

일간신문의 헤드라인이다. 북한군이 미사일을 쏘고 핵실험을 해도 감히 남침하지 못하는 이유는 무엇일까? 예전에는 동네마다 '방위'가 있어서 남침하지 못했다고 한다. 해병대와 비슷한 복장을 한 무시무시한(?) 부대가 시골 동네까지 배치되어 있고, 그 수를 정확히 파악하기 힘들어서 감히 남침을 하지 못했다고 한다. 요즘은 '중이' 때문에 남침하지 못한다고 한다. 물불을 가리지 않고 싸우며 목숨을 내놓고 싸우는 용감무쌍한 부대가 거리를 활보하고 있고 그 수가 전국에 30만을 넘기 때문에 쉽게 남침하지 못한다고 한다. 중학생들의 일탈행위를 우스갯소리로 만들어 놓은 이야기이다.

그렇다면 '무서운 10대'··· 초등학생 공부방에 원정 간 이유는?"이라는 헤드라인의 정체는 무엇일까? 기사의 내용을 한 번 보자.

"계산이 틀렸잖아. 같이 다시 한 번 풀어 보자."

매주 토요일 서울 용산구 이촌2동 공부방에서는 아이들이 아이들을 가르치는 이색 풍경이 펼쳐진다.

근처에 있는 용강중학교 학생 23명이 이곳 공부방까지 찾아와 형편이 어려운 초등학생들을 가르치고 있는 것.

용강중학교 학생들이 공부방에서 토요 봉사 활동을 펼친 것은 지난 5월부터. 방과 후 학교에서 수업을 듣던 중 "배운 것을 가치 있게 써보자"는 아이디어가 나왔고, 자연스레 공부방과 인연이 닿았다.

중학생이면 자신의 공부를 하기에도 시간이 부족하다. 아니, 시간이 부족한 것이 아니라 공부를 한다는 것 자체가 재미없다. 공부보다는 컴퓨터 게임이나 친구들과 어울려 운동장에서 축구 게임을 하는 것이 더 좋다. 그럼에도 불구하고 자신의 공부가 아니라 후배들인 초등학생들의 공부를 도와주고 있는 중학생들이 있다. 그래서 화제가 되는 것이다. 'News!' 말 그대로 뉴스인 것이다. 지나가던 개가 사람을 보고 짖으면 시끄럽지만 당연한 일이기에 뉴스가 되지 않는다. 하지만 지나가던 사람이 개를 보고 요란하게 짖으면 뉴스가 될 수 있다. 중학생들이 초등학생들의 공부를 자발적으로 돕는다는 것은 그만큼 어려운 일이다.

퍼스트 펭귄이 되는 것은 결코 쉽지 않다. 용산구 이촌1동에 자리 잡은 용강중학교에는 국제교육반이 있다. 학교에서 공부도 잘하지만 다른 학생들의 모범이 되는 학생들이 모인 반이다. 이 반 학생들은 지역사회에서 자신들이 할 수 있는 봉사 활동을 찾던 중 용산구에서 아동·청소년의 행복한 '꿈나무 프로젝트'를 운영하고 있다는 사실을 알게 되었다.

"꿈나무 프로젝트에서 우리가 할 수 있는 일이 무엇일까?"

3학년인 요한이 모임을 주관하며 말문을 열었다.

"쉬는 토요일마다 아이들과 놀아 주는 일은 어때?"

같은 학년의 수진이가 손을 들자마자 한마디 던졌다. 수진의 장래 희망은 국제변호사이다.

"김수진 학생이 토요일에 아이들과 놀아 주는 봉사가 어떻겠느냐는 제안을 했습니다. 또 다른 의견이 있는 학생은 손을 들어 말씀해 주세요."

"2학년 임수빈입니다. 제 생각에는 저희들이 잘할 수 있고 봉사 활동을 하더라도 즐거울 수 있는 것이라면 좋겠습니다. 사실 저는 아이들과 노는 것이 무척 힘듭니다. 제가 무섭게 생겼는지 저만 보면 울음을 터뜨리는 아이들도 있어요."

순간 웃음소리가 교실을 가득 채웠다.

"잘할 수 있고 즐길 수 있는 일! 참 좋은 의견입니다. 하지만 좀 더 구체적이었으면 좋겠습니다."

요한이 수빈의 의견을 듣고 입장을 정리하였다.

"3학년 이지수입니다. 다른 학생들이나 선생님들은 저희에게 공부를 잘한다고 합니다. 물론 그렇게 잘하는 것은 아니지만 그래도 우리가 잘할 수 있는, 우리보다 어린 학생들을 가르칠 수 있는 일이라면 좋겠습니다."

장래에 기자가 되고 싶어 하는 지수가 논리 정연하게 이야기를 하자 여기저기서 좋다는 의견이 나왔다.

"동의합니다."

수빈이 짧게 동의한다고 외쳤다.

"재청합니다."

뒤에 앉아 있던 수진이 재청을 외쳤다.

구체적인 사항은 담당선생님과 상의하기로 하고 회의를 마쳤다. 회의를 마친 요한이와 수지는 학생들의 의견을 정리하여 담당선생님과 상의를 했다. 결국 용산구청에서 학교 인근에 학생 신분으로 잘 할 수 있고 즐겁게 할 수 있는 일을 하도록 이촌2동에 공부할 공간을 마련해 주었다.

'꿈나무 샘'은 용강중학교 학생들에게 붙여진 이름이다. 중학생에게 선생님이라는 말이 왠지 어색하지만 그래도 기분이 나쁘지는 않다. 초등학교 1학년부터 4학년까지 20여 명의 초등학생들이 모였다. 매주 토요일 오후 2시가 되면 아이들이 모인다. 중학생으로 구성된 '꿈나무 샘'들은 미리 아이들을 기다리고 있다. 공부방을 찾아오는 아이들의 손에 들린 가방에는 각자 자기가 부족한 과목의 책들을 넣어 온다. 어떤 아이는 영어책을 가져오고, 어떤 아이는 수학책을 가져온다. 사회나 과학책을 가져오는 아이들도 있다.

20명을 한 교실에 앉혀 두고 수업을 하는 것은 아니다. 1:1 지도를 한다. '꿈나무 샘'들은 각자 자신 있는 과목을 맡아 가르친다. 2시에 시작된 수업은 6시에 끝이 나는데, 4시간이 어떻게 지났는지 모르게 흘러간다. 수업을 마치고 나가는 아이들의 얼굴에도, 열심히 가르친 중학생들의 얼굴에도 저녁노을이 붉게 물들어 있다. 붉은 저녁노을을 받아서 붉어진 것인지, 공부에 집중하느라 온몸의 열기가 얼굴로 올라왔는지는 알 수 없지만 얼굴은 환하고 붉다.

6개월이 지났다. 갑자기 신문사 기자가 찾아오고 카메라 셔터 소리가 요란하다. 부끄럽기만 하다. 처음에는 봉사라는 취지에서 접근했는데 지금은 누구를 위해서 토요일을 기다리는지 알 수 없다. 그냥 아이들을 찾아가고 싶고, 아이들을 만나고 싶을 뿐이다. 어느새 겨울을 나고 요한과 수지를 비롯한 3학년들은 중학교를 졸업했다. 그래도 토요일이면 다시 모인다. 책상 앞에는 간단한 다과가 준비되어 있다. 6개월의 시간을 되돌아볼 수 있는 시간을 가지는 것이다.

"지난 6개월 동안 '꿈나무 샘' 여러분 고생하셨습니다. 교장선생님,

학습관 관장님 그리고 저희를 이끌어 주신 담당선생님 감사합니다. 그리고 졸업을 한 후에도 변치 않고 용강중학교 꿈나무 샘에 함께해 주신 선배님들께도 감사드립니다. 아, 제 소개를 하지 않았네요. 저는 3학년 임수빈입니다. 요한 선배를 이어 국제교육반 회장을 맡고 있습니다. 먼저 교장선생님의 말씀을 듣겠습니다."

교장선생님과 학습관 관장님의 칭찬이 자자했다.

교장선생님과 관장님의 말씀, 그동안 수고한 몇몇 학생들에게 상장이 주어졌다. 받지 못하는 학생들보다 받는 학생들이 오히려 부끄러워했다. 공식적인 행사가 끝났는데도 학생들은 흩어지지 않고 그대로 남아서 이야기꽃을 피웠다.

"우리만 봉사한 것도 아닌데 이런 걸 받으니 부끄럽기만 하네."

수지가 입을 열었다.

"졸업도 했고, 그동안 임원을 맡았잖아요."

수빈이 쑥스러워하는 수지에게 말을 던졌다.

"그래 다 너희들 덕택이지. 고맙다. 다음에 내가 한턱 쏠게."

"와~ 정말이죠? 다음주에 당장 쏘세요."

"알겠다. 다음주 마치고 내가 떡볶이 쏠게."

"좋아요. 그런데 6개월 동안 아이들을 가르치면서 한 번도 우리 이야기는 해 본 적이 없네요."

"맞다. 마치고 그냥 가기 바빴어. 난 사실 졸업하고도 계속 오는 이유가 내가 맡은 아이가 4학년이 되어 끝까지 맡아 보고 싶어서 오는 거야. 그리고 선생님이 무척 힘드는 직업이라는 것을 깨달았어. 1:1로 가르치는 것도 힘든데 30여 명을 한꺼번에 가르친다고 생각하니까 끔찍하더라고. 수업을 다 열심히 듣는 것도 아닌데 말야."

그동안 침묵을 지키고 있던 요한이 말문을 열더니 쉼 없이 속사포를 던졌다.

"맞아요. 저도 그렇게 생각했어요. 사실 봉사 활동을 나가고부터 저는 수업시간에 훨씬 집중하게 되었어요. '역지사지'라고 할까. 선생님의 입장에서 생각하다 보니 수업시간에 도저히 딴짓을 할 수 없었어요."

회장을 맡은 수빈이 맞장구를 쳤다.

"난 사실 아이들을 가르치면서 그동안 부족했던 인내심을 길렀다고 생각해."

수지의 말에 다들 고개를 갸웃거렸다.

"내가 실력이 부족해서 그런지 아무리 설명해도 이해를 못하는 거야. 어떤 것이든 한 번에 알아듣지 못해서 혼이 났었어. 처음에는 이것도 이해하지 못하느냐는 식의 표정을 지었더니 아이가 입을 다물어 버리더라구. 그래서 다음부터는 알 때까지 반복해서 가르쳐 주었지. 많이 가르치기보다 그날 하나라도 정확하게 가르치겠다는 생각으로 서너 번 반복해서 설명을 해 줬지. 처음엔 아무 말도 하지 않더니 서서히 입을 열더라구. 내가 설명해 준 내용을 이해하고 기쁜 마음으로 다시 나에게 설명해 줄 때, 아! 이것이 선생님의 보람이구나 하는 생각을 했지."

수지의 말에 모두 고개를 끄덕였다. 분명 봉사 활동이었고 내가 가진 것을 나누어 주었다고 생각했는데 '꿈나무 샘'으로 활동한 20여 명의 학생들은 모두 자신이 준 것보다는 얻은 것이 많다는 생각에 동의하였다.

사회는 여전히 '무서운 10대'라고 한다. 모르기 때문이다. 그것도 봉사의 재미를 모르기 때문이다. 1주일에 4시간을 다른 사람을 위해 쓰는 것이 큰 손해라고 생각한다. 하지만 한번 빠져 보면 알게 된다. 남을 위해 쓴 4시간은 나에게 8시간을 아끼는 방법을 알게 하고, 1시간을 공부하더라도 소중하게 사용하게 되는 이유를 알게 한다. 봉사에 빠진 대한민국 10대에겐 여전히 희망이 있다.

후배 초등학생들의 멘토로 활동하는 '어린' 선생님들. '나눔'을 통해 경험하기 힘든 인생의 가치를 배우고 있는 '용강중학교 꿈나무 샘! 〈그대들이 진정한 국가대표입니다.〉

창의적
체험 활동

제4장 꿈을 담는 틀 : 창의적 체험 활동

· 성적만큼 중요한 창의적 체험 활동
· 에듀팟의 기본 용어
· 에듀팟의 핵심 키워드

외국어고등학교나 과학고등학교와 같은 특수목적 고등학교에 진학하기 위해 반드시 필요한 것이 선행학습이었다. 그래서 초등학교 4학년만 되면 대학의 영재교육원에 들어가기 위해 중학교 수학뿐만 아니라 고등학교 수학 교재를 들고 학원에서 밤늦도록 심화 문제와 씨름을 하기도 하고, 영어학원에서 토익과 토플, 텝스 시험 준비를 위해 하루에도 수백 개의 영어단어를 외워야 하는 경우가 많았다.

그러나 이제는 성적순으로 줄을 세운 후 앞에서부터 순서에 따라 합격 불합격을 판단하지는 않는다. 평가 수단이 오직 교과와 관련된 성적이었다면 '2009 개정교과과정' 세대에게는 창의적 체험 활동 결과와 중학교나 고등학교 생활에 얼마나 충실했는지도 평가한다. 뿐만 아니라, 학교에 다니는 동안 가정환경이나 학교와 지역의 교육 여건조차도 평가한다. 한마디로 요약하면 종합적으로 판단한다고 할 수 있다.

교과 성적뿐 아니라 학년에 따라 성적이 어떻게 변하였는지, 또한 학습과 관련된 탐구 활동은 있었는지, 교과와 관련하여 학교에서 상을 받았는지, 정규 수업 외에 방과 후에는 어떤 활동을 했는지 평가하는 것이 교과 관련 평가요소이다. 이와 비교해서 창의적 체험 활동 부분은 어떤 동아리 활동이나 봉사 활동 등을 통해 어떤 일을 했고 어떤 영향을 받았는지를 평가하고, 어떤 꿈을 안고 자신의 꿈을 이루기 위해 어떤 활동을 했는지도 평가한다.

성적으로만 평가하고 학생을 선발하는 교육과정에서는 뭔가 특별한 경험을 하기가 쉽지 않았다. 하지만 성적이 좋은 학생이 반드시 성공한다는 법칙은 성립하지 않았다. 대학이 원하는 인재, 사회가 원하는 인재는 따로 있었지만 그에 맞는 학생을 선발하는 것은 쉽지 않았던 것이다. 그래서 성적 외에 중요한 평가요소로 도입된 것이 창의적 체험이다. 물론 평가만을 위해서 도입된 것은 아니지만 결국 평가의 도구로 활용되고 있는 것은 사실인 셈이다.

특목고를 비롯한 자율형 사립고등학교 입학 전형에 도입된 자기주도 학습전형과 대학의 입학사정관제에서는 창의적 체험 활동이 학생들의 비교과 영역을 평가할 수 있는 도구로 활용되고 있다. 비교과 영역이란 학교에서 배우는 교과목 외의 영역을 일컫는 말이다. 따라서 영어, 수학과 같은 교과 과목에서 좋은 성적을 얻는 것도 중요하지만 면접을 통해 평가될 수 있는 창의적 체험 활동은 교과 성적 이상으로 중요하다.

창의적 체험 활동은 자기주도 학습전형과 대학입시, 특히 입학사정관제에서 평가될 중요한 기본 증거 자료로 활용된다. 자기주도 학습전형과 입학사정관제에서는 자신이 선택한 고등학교나 대학에서 배우는 교육 과정과 얼마나 적합한 능력을 가지고 있으며, 이와 관련하여 어떤 활동을 했는지 결과물을 보여 줄 수 있는 유일한 수단이라고 할 수 있다. 단순히 면접장에서 말로만 표현한다면 평가하시는 선생님이나 교수님을 만족시키기 힘들다. 그러므로 창의적 체험 활동은 학생들의 능력과 노력한 과정을 입증해 줄 수 있는 훌륭한 증거자료가 될 것이다.

또한 창의적 체험 활동을 통해 축적된 자료는 창의적 체험 활동 지원시스템인 에듀팟에서 자동적으로 포트폴리오가 생성된다. 그러므로 활동으로만 끝난다면 아무런 소용이 없다. '구슬이 서 말이어도 꿰어야 보배'라는 말이 있다. 아무리 좋은 옥으로 만든 구슬이어도 목걸이나 팔찌로 사용하기 위해 실에 꿰어져야 비로소 보석의 역할을 할 수 있듯이, 다양한 창의적 체험 활동을 하고 나서 나만의 이야기로 만들어 내면 훌륭한 포트폴리오가 되는 것이다. 학교 밖에서 영어인증시험 결과 높은 점수를 받았거나 각종 경시대회나 글짓기대회에서 상을 받았다 해도 자기주도 학습전형과 입학사정관제에는 자신의 스펙으로 제시할 수 없다. 하지만 작은 행사에 참여하더라도 자신의 창의성과 열정을 보여 줄 수 있는 창의적 체험 활동 내용은 평가자료로 활용할 수 있는 훌륭한 포트폴리오로 만들어질 수 있다.

영어 단어와 수학 공식을 외우는 것 이상으로 창의적 체험 활동에 관심을 기울여야 하는 이유가 여기에 있다. 창의적 체험 활동 결과는 결코 하루아침에 이루어질 수 없다. 단체 활동에서 협력하고 자신의 일에 최선을 다하는 자세로 창의적 체험 활동에 참여하다 보면 어느새 누구도 흉내 낼 수 없는 훌륭한 포트폴리오라는 재산을 가지게 된다. 누구나 모든 것을 다 잘할 수는 없고, 누구나 모든 것을 다 못하지는 않는다. 한 가지 이상에서 자신이 잘 할 수 있는 것을 창의적 체험 활동을 통해 발견하게 될 때 바로 그것이 세계적이고 국제적인 인재로 성장하게 되는 첫걸음이 되는 것이다. 창의적 체험 활동의 내용을 자신의 것으로 담을 수 있는 것이 에듀팟이다. 그러므로 에듀팟은 자신의 꿈을 담는 틀이다.

에듀팟의 기본 용어

에듀팟을 잘 알기 위해서는 먼저 에듀팟을 찾아가야 한다. 에듀팟 주소는 www.edupot.go.kr이다. 주소를 찾아 들어가 보면 첫 화면에 edupot이라고 새겨진 예쁜 화분이 있고, 화분에는 우리의 꿈을 닮은 예쁜 새싹이 있다. 메인 화면에는 자기소개서, 자율 활동, 동아리 활동, 봉사 활동, 진로 활동, 방과후학교 활동, 독서 활동, 포트폴리오 등의 일쏭달쏭한 용어들이 있다. 각 아이콘을 클릭하면 또 여러 가지 내용들이 빼곡히 자리 잡고 있다. 직접 창의적 체험 활동을 하고, 그 내용을 기록하기 전에 각 용어들의 의미를 정확히 알게 된다면 우왕좌왕 하는 실수는 하지 않을 수 있을 것이다 자기소개서란 원래 자기의 이름이나 살아온 경험, 자신만의 이야기를 남에게 알리기 위해 쓰는 글을 말한다. 자신의 꿈을 이루기 위해 남과 다른 자기 자신에 대해 모든 것을 기록하는 것이지만, 먼저 자기 자신을 면밀히 탐색해 보고 자신이 바라보는 자신의 모습, 부모님이나 친구들이 바라보는 자신의 모습 등을 세세히 그려낼 수 있어야 한다.

에듀팟에서는 먼저 자기소개서 제목, 이름, 출신학교, 학교 전화번호와 자신의 연락처, 이메일 주소 등의 기본정보를 먼저 기록하고 나서 본격적으로 6개 항목의 자기소개서를 작성하도록 하고 있다. 작성해야 할 항목에는 중학생의 경우 인생의 좌우명, 가족 소개, 나의 장점 3가지와 좋아하는 과목과 그 이유, 존경하는 사람과 그 이유, 장래희망 등이 있다. 고등학생의 경우 성장 과정, 가족환경, 지원 동기, 역경극복 사례, 자기주도적 학습경험, 학업 및 진로계획 등이 있다.

자율 활동이란 학교에 다니는 3년 동안 학교 전체나 학년의 학급에 속한 구성원으로서 자발적으로 참여하는 활동을 말한다. 여러 활동을 하는 과정에서 자신의 의견을 표현하고 다른 사람을 배려하는 활동으로, 학교, 학급, 동아리 등에서 소속감을 가지고 그 속에서 공동체 의식을 키워 나가며 자신의 창의성을 보여 줄 수 있는 활동이다. 구체적인 활동에 적응 활동, 자치 활동, 행사 활동, 창의적 특색 활동 등이 있다.

★ 자율 활동 중 적응 활동

적응 활동이란 말 그대로 변화된 환경에 잘 적응하는 것과 그 환경을 자신에게 맞게 변화시키는 것을 말한다. 따라서 적응 활동은 단체 속에서 이루어지는 개인 활동이라고 할 수 있다. 학교에 입학하거나 학년이 바뀌었을 때 먼저 기본적으로 어떤 생활을 하게 되고, 새로운 친구들은 어떻게 사귀고, 새로 바뀐 선생님과 관계를 맺어 가는 활동이라고 할 수 있다. 만약 새로운 변화에 제대로 적응하지 못할 때는 어떤 조치를 취할 것인가도 적응 활동이라고 할 수 있다.

적응 활동의 구체적인 예로는 먼저, 중학교에 입학했을 때, 학년이 올라갔을 때, 또는 부모님과 다른 도시로 이사를 가게 되어 전학 가는 경우의 적응 활동이 있다. 두 번째는 학교에서 기본 생활습관을 만들어 가는 활동이 있다. 예를 들어 선생님께 예의를 갖추는 활동이나 친구들과의 우정을 쌓아 가는 과정, 학교 내에서 정해진 규칙을 지키는 활동 등이 이에 해당된다. 세 번째는 자신의 공부에 관한 문제, 건강이나 성격에 관한 문제, 교우관계에 대한 문제가 생겼을 때 담임선생님을 비롯한 상담선생님과의 상담 활동이 이에 해당된다.

자율 활동에서 자치 활동이란 학급에서 한 사람이 하나의 역할을 해 나가는 것으로, 학급회나 부서 활동에 참여하거나 학생회의 협의 활동, 각종 운영위원회의 위원 활동, 모의회의나 토론회 활동을 말한다. 개인적으로 각종 회의나 토론회에서 발표를 하는 것이나 학습이나 학교의 각종 부서에서 주도적으로 자신의 역할을 정하여 활동하는 것이 중요하다. 학교에서는 자치 활동을 도와주기 위해 학생회를 구성하고, 학급의 임원을 자체적으로 선출하도록 하고 있으며, 민주시민 활동이나 학급부서 활동을 지원하고 있다.

자치 활동은 학급과 학교에서 일어나는 여러 문제에 대해 적극적으로 참여하고, 협의를 찾아내고 실천하는 과정을 통해 자주성과 사회성을 길러 주기 위한 것이다. 또한 다양한 협의와 실천 경험을 통해 문제를 합리적으로 해결하기 위한 의사를 스스로 결정할 수 있는 기본적인 원리를 익히게 하기 위한 활동이라고 할 수 있다.

자치 활동의 구체적인 예로는 첫째, 학급회나 학생회를 조직하고 운영해 나가기 위해 필요한 사항들을 서로 협의하는 활동이 있고, 둘째는 학급부서 활동이나 운영위원 활동과 같은 역할분담 활동이 있다. 또한 애향반 활동이나 모의의회, 토론회, 대화의 광장 같은 민주시민 활동 등이 있다.

자율 활동으로서의 행사 활동은 학교에서 시행되는 각종 행사에서의 활동을 말한다. 단순히 어떤 행사를 했고 그냥 참석했다는 것으로 나타내는 것이 아니라 학생들이 자발적으로 참여하여 계획을 세우는 활동, 계획에 맞추어 준비하고 진행하는 활동, 행사를 마무리하는 활동 등을 포함한다.

학교에서 시행되는 행사에는 입학식, 개학식, 방학식, 종업식, 어버이날 기념식, 스승의 날 기념식, 예술제, 각종 경연대회, 졸업식 등이 있다.

★ 자율 활동 중 창의적 특색 활동

창의적 특색 활동은 말 그대로 학교나 학년, 학급 단위로 만들어진 특색 있는 교육 과정이나 프로그램에 참여하는 활동이다. 각 학교별로 특색 있는 영역을 정하는 것으로, 학교의 전통을 만들고 전통을 계승하는 활동을 통해 학생들이 학교생활에서 소속감과 학교를 사랑하는 마음을 가지게 할 뿐 아니라 학교를 자랑스럽게 여길 수 있게 하는 활동이다.

구체적인 활동으로는 학교, 학년, 학습 특색 활동과 지역 특색 활동이 있다. 크게 학교의 전통을 세우는 활동과 학교의 전통을 계승하는 활동으로 나눌 수 있다. 학교에서 실제로 실시되고 있는 창의적 특색 활동에는 원어민과 함께하는 영어 교육, 독서 교육, 학교 농장을 만들기 위한 환경 교육, 보건 교육, 범죄예방 교육, 학생인권 교육 등이 있다.

에듀팟, 즉 창의적 체험 활동으로서의 동아리 활동은 자신이 흥미 있고 관심이 가는 부분, 즉 취미 활동으로 할 수 있는 것이나 자신이 잘하는 것이 같거나 비슷한 사람들이 모여서 하는 단체 활동을 말한다. 이미 학교에 만들어진 동아리에 가입해서 활동을 할 수도 있고, 뜻이 맞는 몇몇의 학생들이 지도 선생님과 함께 새롭게 만들어서 활동할 수도 있다. 즉, 활동 목적에 따라 자신의 능력을 기를 수도 있고, 같은 것을 좋아하는 친구들과 함께 단체 속에서 사회성을 가르거나 협동심을 높일 수도 있다. 무엇보다 중요한 것은 친구 따라 강남 가듯이 우르르 몰려가거나, 제대로 선택하지 못해 인원이 부족한 동아리에 강제로 배정되어서는 안 된다는 것이다. 주도성을 가지고 자신의 흥미나 능력을 통해 동아리 활동을 하고 자신만의 창의성을 길러 나가야 한다.

동아리 활동의 구체적인 예로는 학술 활동, 문화예술 활동, 스포츠 활동, 실습노작 활동, 청소년단체 활동이 있다.

동아리 활동 중 학교에서 배우는 과목은 아니지만 공부에 도움이 될 수 있는 동아리 활동을 말한다. 외국어 회화반, 과학탐구반, 다문화탐구반 등이 있고, 컴퓨터를 활용하는 능력이나 컴퓨터를 활용하여 자신의 능력을 발휘할 수 있는 동아리, 인터넷이나 신문을 활용하여 자신의 지식과 지혜를 높일 수 있는 동아리, 또는 발명 동아리들이 이에 해당되는 동아리 활동이다.

★ 동아리 활동 중 문화예술 활동

문화예술 활동을 할 수 있는 동아리 활동에는 문예창작 활동, 그림을 그리고 조각을 하는 동아리, 서예를 익히는 동아리, 전통예술을 배우고 즐기는 동아리, 현대예술을 배우고 즐기는 동아리 등이 있다. 또한 성악이나 기악, 뮤지컬, 오페라 등을 배우거나 즐길 수 있는 동아리와 연극반, 영화반, 방송반, 사진반 활동 등이 문화예술 동아리 활동이다.

★ 동아리 활동 중 실습노작 활동

노작이란 새로운 가치를 만들어 내기 위해 자기주도적으로 애쓰고 노력해서 무엇인가를 만드는 것을 말한다. 자기주도적으로 힘껏 부지런히 활동한다는 말이다. 실습노작 활동에는 요리반, 수예반, 재봉반,

꽃꽂이반 등이 있다. 또한 동물을 기르는 동아리, 실물을 재배하는 동아리, 주변 환경을 꾸며 보는 조경활동 동아리가 있고, 설계나 목공, 로봇 제작과 관련된 활동을 하는 동아리 활동이 이에 해당된다.

★ 동아리 활동 중 청소년단체 활동

중·고등학생으로서 활동할 수 있는 청소년단체에는 보이스카우트연맹, 걸스카우트연맹, 청소년연맹, 청소년적십자단, 우주소년단, 해양소년단 등이 있다.

★ 봉사 활동

봉사 활동이란 어떤 대가를 목적으로 하는 활동이 아니라, 아무런 대가를 바라지 않고 스스로 개인이나 단체가 다른 사람을 돕거나 사회에 기여하는 활동이다. 봉사 활동을 통해 더불어 살아가는 사회를 이해할 수 있고, 다른 사람들과 힘을 합해 살아가는 삶의 의미를 깨달을 수 있다.

창의적 체험 활동에서의 봉사 활동에는 학교 안에서 할 수 있는 교내 봉사활동, 내가 살고 있는 지역에서 할 수 있는 지역사회 봉사활동, 자연이나 환경을 보호하는 자연환경 봉사활동과 다양한 캠페인 활동이 있다.

★ 봉사 활동 중 교내 봉사활동

교내 봉사활동에는 학습능력이 다소 부족한 친구를 도와주는 활동이나 장애우 또는 질병으로 인해 어려움을 겪는 친구를 도와주는 활동이 있고, 최근에 우리 주변에서 종종 볼 수 있는 다문화가정의 친구들을 도와주는 활동 등이 있다.

★ 봉사 활동 중 지역사회 봉사활동

교내 봉사활동보다는 훨씬 다양한 활동을 할 수 있는 봉사 활동이다. 먼저 지역에 있는 노인복지시설, 신체장애인들을 위한 복지시설, 아이들이 있는 보육원이나 유아원, 지체부자유자를 위한 복지시설과 같은 복지시설에서 할 수 있는 봉사 활동이 있고, 구청이나 시청, 주민센터, 은행 등의 공공시설에서 할 수 있는 봉사 활동 및 농어촌 지역에서 일손을 돕는 봉사 활동 등이 있다. 또한 불우이웃을 돕기 위한 봉사 활동과 고아원, 양로원, 병원, 국군장병 등을 방문하여 위문하는 활동이 있다. 태풍이나 폭우, 폭설 또는 기름 유출로 인해 도움이 필요한 곳에서 할 수 있는 봉사 활동과 국제협력과 난민을 구호하기 위한 활동도 이에 해당되는 봉사 활동이라고 할 수 있다.

★ 봉사 활동 중 자연환경 보호활동

깨끗한 환경을 만들기 위한 여러 활동과 자연을 보호하는 활동이 대표적인 활동이라고 할 수 있다. 식목일에 즈음하여 나무를 심는 것도 봉사 활동이라고 할 수 있다. 최근에는 저탄소 녹색성장체험환경 교육이나 저탄소 생활습관을 들이는 것도 중요한 봉사 활동으로 떠오르고 있다. 그 외에도 우리 주변에 있는 공공시설물이나 문화재를 보호하는 활동도 자연환경 보호활동에 해당된다.

★ 봉사 활동 중 캠페인 활동

캠페인이란 어떤 목적을 달성하기 위해 벌이는 홍보운동이라고 할 수 있다. 학교 폭력을 예방하기 위해 어깨에 노란 띠를 두르고 교문 앞에서 "학교에서 폭력을 추방합시다!"라고 외치는 운동이 좋은 예라고 할 수 있다. 공공질서, 교통안전, 학교 주변 정화, 환경보전, 헌혈, 집단 따돌림 방지 등에 대한 캠페인 활동이 이에 해당된다.

★ 진로 활동

창의적 체험 활동에서 진로 활동은 우선 자기 자신을 이해하는 활동이라고 할 수 있다. 자신의 타고난 재능, 즉 강점이 무엇인지, 어떤 직업적 흥미를 가지고 있는지를 이해하고 이를 바탕으로 자신의 소질과 능력, 흥미에 맞는 진로를 계획하고 준비하며, 학년에 따라 진로를 탐색하는 모든 활동을 말한다.

창의적 체험 활동에서 제시하고 있는 진로 활동에는 자기이해 활동,

진로정보 탐색활동, 진로계획 활동, 진로체험 활동이 있다.

★ 진로 활동 중 자기이해 활동

진로 활동은 중학생으로서 미래에 대한 진로를 열어 가는 것을 중요 목적으로 하고 있기 때문에 우선 중 · 고등학생으로서 자신에 대해 얼마나 알고 있고, 자신은 어떤 능력과 흥미를 가지고 있는가를 알게 하는 것이 중요하다. 그러기 위해서 적성, 즉 타고난 능력과 특기가 무엇이며 어떤 분야에 소질을 지니고 있는지에 대해 충분히 알 수 있도록 하는 활동을 자기이해 활동이라고 한다.

자기이해 활동에는 자기를 이해하는 활동, 심성을 계발하는 활동, 자기정체성을 탐구하는 활동, 가치관확립 활동과 여러 가지 진로검사 활동이 이에 해당한다.

★ 진로 활동 중 진로정보 탐색활동

진로정보 탐색활동은 직업 세계에 대한 정보를 수집하고 분석하는 활동이다. 자기이해 활동을 통해 자신의 능력과 흥미를 파악한 후, 자신의 삶의 목표를 정할 수 있도록 도움이 되는 직업의 세계에 대한 정보를 탐색하는 활동이다. 중 · 고등학생으로서 진로정보를 파악하는 방법으로는 먼저 진학할 수 있는 고등학교와 대학교에는 어떤 종류가 있고, 자신이 원하는 직업과 삶을 살아가기 위해 어떤 고등학교와 대학의 어떤 계열이나 학과에 진학하는 것이 좋은지를 탐색해야 한다. 그러기 위해서 어떤 공부를 해야 하고, 고등학교나 대학에 진학하기 위해 알아야 할 입시제도는 무엇인지 탐색해 보고, 상위 학교 정보를 탐색해 보고, 진학하고 싶은 학교를 직접 방문해 보는 활동이 이에 해당된다.

더 나아가 직업에 대한 상세한 정보와 중·고등학생으로서 취득할 수 있는 자격증에 대한 정보를 탐색하고, 지역에 있는 직장을 방문해 보거나 방학을 이용해 인턴 활동을 해보는 것도 이에 해당하는 활동이라고 할 수 있다.

★ 진로 활동 중 진로계획 활동

중·고등학생 때 자신의 진로를 정해서 그대로 고등학교, 대학교, 직업인으로 성장하는 사람은 많지 않다. 중·고등학생들은 자신의 진로와 관련해서 학업 진로나 직업 진로가 자주 바뀔 수 있다. 따라서 학생 개개인은 자신의 진로에 대한 방향 설정이나 탐색계획이 담긴 진로계획서를 작성하는 것이 필요하다. 즉, 진로계획서를 작성하여 진로에 대해 설계하고 수정하는 활동을 진로계획 활동이라고 한다.

학업 및 진로에 대한 진로설계 활동뿐 아니라 진로와 직업 과목을 통한 진로지도를 받거나 진로 담당선생님과의 상담 활동도 진로계획 활동이라고 할 수 있다.

★ 진로 활동 중 진로체험 활동

진로 활동 중 진로와 관련된 고등학교, 대학교, 직업 등과 관련하여 직접 체험해 보는 일련의 활동을 진로체험 활동이라고 한다. 직업체험 활동에는 학교나 지역사회의 직업인, 지역사회의 시설 등을 활용하여 직업에 대해 탐구하고 직접 체험해 보는 활동이 있다. 단순히 진로에 대한 지식을 얻는 것으로 그치는 것이 아니라 직접 체험해 보는 것이 중요하다.

★ 방과후학교 활동

에듀팟에서 말하는 방과후학교는 학생이나 학부모를 중심으로 운영하는 국어, 영어, 수학, 과학과 같은 정규 교육과정 이외의 학교 교육활동을 말한다. 각 중·고등학교에서는 다양한 방과후학교 프로그램 등이 운영되고 있다. 하지만 에듀팟에서는 단순히 문제풀이를 중심으로 하는 교과 보충 프로그램은 기록하지 못하게 하고 있다.

　방과후학교 프로그램에 참여하게 된 동기나 목적을 자세하게 밝혀야 하고, 참여한 프로그램의 내용과 참여한 후 자신의 소감을 적어 넣게 되어 있다.

★ 독서교육종합시스템

에듀팟의 독서 활동 부분은 2011년 6월 1일부터 독서교육자원시스템으로 다 옮겨 갔다. 따라서 에듀팟에다 독서 활동을 기록하는 부분은 없다. 독서교육지원시스템은 www.reading.go.kr이고, 각 지역마다 별도의 독서교육종합지원시스템이 있다. 독서교육종합시스템은 컴퓨터 등의 정보 매체에 익숙한 초·중·고 학생들이 자유롭게 책을 읽고 온라인상에서 다양한 독후 활동을 할 수 있도록 구성한 독서 활동 온라인 지원 프로그램이다.

독서교육종합지원시스템에는 어떤 책을 읽었는지를 기록하는 것 외에도 전국 학생들의 다양한 독후 활동이 올라와 있어서 학생들의 다양한 독서 활동을 돕고 있다.

★ 포트폴리오

포트폴리오란 원래 서류 가방, 자료 수집철 또는 자료 묶음을 뜻하는 말이다. 자신의 이력이나 교육 또는 실력 등을 알아볼 수 있도록 자신이 과거에 만든 작품이나 관련 내용 등을 모아 놓은 자료수집철이나 작품집을 말하는 것이다.

에듀팟에서의 포트폴리오는 학생이 기록한 각 영역별 활동 내용이 자동으로 보관되고, 고등학교나 대학에 진학하기 위해 자신이 기록한 여러 영역의 자료를 스스로 선택하여 자신만의 포트폴리오를 e-book 뷰어로 볼 수 있다.

진로심리검사는 개인의 진로 탐색을 위하여 진로와 관련된 능력, 흥미, 태도 등과 같이 추상적인 심리적 개념들을 수량으로 표시할 수 있도록 만들어진 검사도구를 말한다. 에듀팟의 진로심리검사는 커리어넷(www.careernet.re.kr)의 진로심리검사와 연계되어 있다. 검사에는 직업적성검사, 직업흥미검사, 직업가치관검사, 진로성숙도검사가 있고, 검사한 결과를 조회해 볼 수 있다.

에듀팟의 핵심 키워드

"애들아, 에듀팟 용어는 이제 좀 이해하겠니?"

"어휴, 선생님. 역시 기본이 가장 중요하지만 사전을 그냥 들여다보는 것은 어려워요."

"그래. 애듀팟 용어사전은 한 번 보는 것으로는 어림도 없지. 시간이 날 때마다 다시 읽어봐야 한단다."

"선생님, 에듀팟을 왜 하는지 이제 조금은 알 것 같은데, 무작정 적극적으로 활동하고 활동한 내용을 기록하면 되나요?"

"음, 가인이가 참 좋은 질문을 했구나. 에듀팟이 중요하다는 것은 어느 정도 알게 되었지만 어떻게 해야 하느냐가 중요하단다. 먼저 가장 중요한 것은 자신의 경험이어야 하지 남의 경험을 꾸며서 글을 쓰면 안 되겠지. 그리고 무엇보다도 중요한 것은 아무 경험이나 되는 것이 아니라 자신의 꿈과 목표, 장래의 목표와 활동과 관련된 것이어야 해."

"선생님, 그러면 제일 먼저 꿈과 목표가 뚜렷해야겠네요?"

"그렇지. 에듀팟은 특히 비교과 활동을 통해 자신의 잠재능력을 보여 줘야 하기 때문에 가장 먼저 자신을 정확하게 알고 있어야 하지. 자신의 능력이나 흥미를 알게 되면 자연스럽게 자신의 꿈이나 목표가 정해지고, 꿈이나 목표에 맞는 진로와 관련된 활동이 필요하겠지."

"음, 저는 이제까지 예원이가 공부도 잘하고 말도 잘하고 꿈도 좋은 것 같아서 예원이를 따라 동아리도 가입하고 봉사 활동도 늘 같이 다녔는데……. 혹시 아무런 소용이 없는 것은 아닌가요?"

"지금까지 그렇게 했다면 이제부터는 너를 보여 줄 수 있는 활동에 참여하고 그것을 에듀팟에 올릴 수 있도록 하면 된단다."

"그 외에도 꼭 알아야 할 것이 있나요?"

"가인이는 문방구에 가면 어떤 것들이 눈에 띄니?"

"예쁘게 포장되어 있고, 포장지를 열어 봤을 때 물건도 좋은 것으로 골라요."

"그렇지. 에듀팟도 마찬가지란다. 대부분의 학생들이 똑같은 활동을 하고 그것을 글로 표현하는 것을 에듀팟이라고 할 수 있단다. 그래서 무엇보다도 경험을 누구나 읽어 보고 감동을 느낄 수 있는 스토리로 만들어 낼 필요가 있단다. 하지만 그 스토리가 거짓이면 안 되겠지?"

"열심히 활동을 해도 글쓰는 능력이 부족하면 제대로 보여 줄 수 없겠네요. 구슬이 서 말이라도 꿰어야 보배라더니……."

"가인이가 오랜만에 속담을 제대로 활용했구나."

"감사합니다."

"그래 구슬이 서 말이라도 꿰어야 보배라고 하듯이, 자신의 경험을 단순히 사실 그대로 시간의 흐름에 따라 나열하기보다는 스토리를 만드는 방법을 알아야 하고, 여러 활동들에서 자신의 모습을 보일 수 있어야 한단다. 그런 것을 일관성이 있다는 말로 표현한단다.

자, 그럼 에듀팟 전체에서 가장 핵심적인 몇 가지 키워드를 알아보자꾸나."

★ 목표

"가인이, 예원이, 너희들 혹시 〈괴물〉이라는 영화를 본 적 있니?"

에듀팟의 키워드에 대해 말씀하시던 선생님은 뜬금없이 영화 이야기를 꺼내셨다.

"네, 초등학교 때 봤어요. 예원이 너도 봤다고 했잖아?"

"응, 초등학생 때라 엄마, 아빠랑 같이 봤지. 선생님, 근데 〈괴물〉 이야기는 왜 하시는 거예요?"

"음, 혹시 영화가 시작되고 한강 둔치에 괴물이 나타나는 장면을 기억하니?"

"네, 기억나요. 그 이름이 뭐였더라? 중학생 딸이 나오잖아요. 아, 맞다. 현서였다. 아빠가 오징어 배달을 나갔는데 괴물이 나타났잖아요. 처음에는 사람들이 휴대폰으로 괴물을 찍기도 하고 신기한 듯 쳐다보기도 했는데 괴물이 갑자기 둔치 위로 올라와서 난리가 났었잖아요. 그때 무서워서 나도 모르게 고함을 지르기도 했는데, 그 멍청한 아빠가 쓰러졌다가 자기 딸이 아닌 다른 여학생을 자기 딸이라고 생각하고 뒤도 안 돌아보고 뛰어가잖아요. 그래서 결국 딸이 괴물한테 잡혀갔잖아요."

"와우, 가인이가 영화 장면을 정확하게 기억하고 있네. 수업시간에 들은 내용도 그렇게 기억하면 반에서 일등 하겠다."

"선생님, 영화하고 수업하고 어떻게 같아요. 수업은 시작하자마자 졸리기 시작하잖아요. 그래도 저는 과학시간에는 절대 안 졸아요. 과학은 재미있걸랑요."

"음, 그렇구나. 역시 과학자가 되고 싶은 가인이는 다르구나."

"그런데 선생님, 왜 〈괴물〉 이야기를 하신 거예요?"

"응, 왜 〈괴물〉 이야기를 했느냐 하면, 조금 전 가인이가 말한 장면에서 아빠가 딸 현서의 손을 잡지 않고 다른 여학생의 손을 잡고 가는 바람에 딸이 괴물한테 잡혀갔잖아. 긴급한 상황이긴 했지만 목표를 잘못 잡은 거지. 목표를 세울 때는 제대로 세워야 하는 거야. 혹시 나와는 상관없는 다른 목표를 세워 두고 죽을힘을 다하고 있지는 않나 살펴봐야 한다는 것이지."

"그렇군요. 목표를 뚜렷하게 세워야 한다는 말씀이시군요."

"그렇지. 그리고 혹시 메튜 에몬스라는 이름을 들어 본 적 있니?"

"알아요. 초등학교 1학년 땐가 올림픽 경기를 보다가 아빠가 배꼽을 잡고 웃으시면서 자세히 말씀해 주셨어요. 아테네 올림픽 때 그랬던 것 같은데, 그 뒤 베이징 올림픽에도 나와서 아빠가 다시 말씀해 주셨어요."

"와우, 예원이는 공부만 잘하는 줄 알았더니 스포츠에도 관심이 아주 많네?"

"선생님, 예원이 아빠는 만능 스포츠맨이래요. 특히 탁구 실력은 선수만큼이나 잘하신대요. 테니스도 잘 치시고 축구도 잘하신대요."

"그래? 선생님도 한탁구 하는데, 아버지께 언제 시간 나면 게임 한 번 하시자고 말씀드려 봐. 가인이를 위해서 메튜 에몬스에 대한 이야기를 좀 더 해 줄게. 10여 년 전인 2004년 아테네 올림픽 때 있었던 실제 이야기야. 사격 결승 경기였지. 메튜 에몬스는 마지막 한 발을 남겨 두었고, 그때까지 1위를 달리고 있었어. 2위와는 점수 차가 많이 나서 자기 과녁의 원 안에만 들어가면 금메달을 딸 수 있는 상황이었지. 금메달을 딸 수 있을 정도의 실력을 갖춘 에몬스는 마지막 한 발까지 침착하게 조준해서 정중앙 만점 라인 안에 넣었단다. 그런데 에몬스는 안타깝게도 금메달을 따지 못했어. 왠지 아니?"

"설마 남의 과녁을 조준한 건 아니겠죠?"

"설마가 사람을 잡았던 거야. 옆 선수의 과녁에 자신의 총을 조준했던 거야."

"아니 어떻게 그런 일이 일어날 수 있죠?"

"그러게 말이다. 여기서 중요한 것은 뭐겠니?"

"그러니까 선생님께서 에몬스 이야기를 꺼내신 것은, 아무런 준비 없이 목표를 세웠다가 다시 목표를 바꾸는 일이 없도록 목표를 세울 때는 신중해야 한다는 말씀이시죠."

"목표를 세울 때는 자신을 올바르게 이해하고 뚜렷한 목표를 세워야 하고, 두 번째는 다른 사람의 목표와 나의 목표를 정확하게 구분하고 자신의 목표를 향해 나아가라는 말씀이시죠?"

"선생님, 예원이는 목표가 뚜렷한데 저는 목표가 없으니까 저의 목표를 좀 확실히 하라고 말씀하셨던 거군요. 많이 찔리기는 하지만 암튼 선생님 감사합니다. 일단 저도 뚜렷한 저만의 목표를 세워 볼게요."

★ 꿈

"예원아! 초등학교 때 너의 꿈은 뭐였니?"

"제 초등학교 때 꿈이요?"

"그래, 초등학교 때 꿈 말이야."

"가수가 되는 것이었어요. 보아 같은 가수가 되고 싶었어요."

"그랬구나. 그런데 지금도 가수가 되고 싶니?"

"아뇨. 지금은 꿈이 없어요. 꿈이 무엇인지 말하는 것이 너무 어려워요."

"그럼 초등학교 때 꾸었던 꿈이 중학교에 와서 없어진 이유가 무엇인지는 말할 수 있니?"

"정확하지는 않지만 대충은 말씀드릴 수 있어요. 첫 번째 이유는, 부모님이 찬성하지 않으셨어요. 부모님은 제가 선생님이 되길 원하세요. 하지만 저는 선생님은 왠지 싫어요. 제가 선생님이 되면 학생들에게 왠지 거짓말만 할 것 같아요. 선생님은 학생들의 모범이 되어야 하는데 저는 다른 사람들에게 모범이 될 만하지는 않거든요. 두 번째 이유는, 어떤 누구도 저에게 노래를 잘 부른다는 소리를 하지 않는 거예요. 제가 생각할 때는 나름 노래를 좀 한다고 생각하는데, 친구들 앞에서 노래를 불러 보면 친구들이 시기를 해서 그러는지 아니면 정말로 제가 노래를 잘 부르지 못하는지 크게 반응이 없었어요. 그리고 제가 가수가 된다고 하더라도 보아 언니처럼 뜰 수 있을 것이라는 확신도 전혀 없었어요. 전문적인 음악학원을 다녀 본 것도 아니고 배운 게 없으니 가수가 될 가능성이 거의 없는 거죠. 그냥 개꿈을 꾸고 있었다고 해야 할 것 같아요."

"흐흐, 개꿈이라……. 결국 예원이의 초등학교 때 꿈은 지금까지 계속되지 못하고 사라져 버린 셈이구나."

"네, 그래요."

"가인이는 초등학교 때 꿈이 뭐였어? 지금은 과학자가 꿈이라고 했는데 초등학교 때도 과학자가 꿈이었니?"

"네, 초등학교 때나 지금이나 저의 꿈은 과학자예요."

"어떤 계기로 과학자가 되는 꿈을 꾸게 되었니?"

"사실 과학자라고 해야 할지 우주인이라고 해야 할지 정확하지는 않아요. 초등학교 때 이소연 언니가 우리나라를 대표해서 우주비행선을 타는 것을 보고 이소연 언니처럼 우주인이 되고 싶었어요. 그런데 알아보니까 이소연 언니는 과학고등학교를 졸업했고, 그 후 카이스트에 다녔잖아요. 이소연 언니도 꿈을 향해 노력하다가 우주인이 된 거잖아요. 그래서 저의 꿈이 과학자가 된 거예요."

"그럼 부모님도 가인이가 과학자가 되는 것을 좋아하시니?"

"꼭 그런 것은 아닌 것 같아요. 아빠는 대학에서 과학을 전공하셨다는데 지금은 과학과는 전혀 관계없는 일을 하고 계시거든요."

"아버지는 어떤 것을 공부하셨는데?"

"대기 뭐라 하셨는데 정확하게는 모르겠어요. 아마 우주에 관해 공부하신 것 같아요. 그런데 우주보다는 새를 더 좋아하세요. 저희 집엔 남들이 개를 키우듯이 새를 키워요. 선생님은 혹시 집에서 새를 부화시키고, 새에게 이유식을 먹여 보셨어요?"

"아니. 새에게도 이유식을 먹이니?"

"그럼요. 저희 아빠는 거의 새 박사 수준이에요."

"그런데도 가인이가 과학자 되는 것을 반대하시는 거니?"

"꼭 반대한다고 할 수는 없고요. 말하자면 적극적으로 권하시지는 않는 느낌인 거죠."

"그게 무슨 뜻이니?"

"다른 애들은 과학을 좋아하고 과학경시대회에서 상이라도 타면 부모님들이 과학을 더 깊이 있게 배울 수 있도록 학원에도 보내고 박물관에도 데려가시고 하는데 저희 아빠는 전혀 그러시질 않으세요."

"가인이가 과학경시대회에서 상을 탔다고?"

"초등학교 때 학교 대표로 경시대회에 나간 적이 있는데, 그때 그냥 제 생각대로 적었을 뿐인데 상을 탔지 뭐예요. 원래 제가 좀 엉뚱하잖아요. 선생님들은 제가 창의성이 있다고 하시는데 저는 잘 모르겠어요. 그냥 남들처럼 생각하기보다는 좀 엉뚱하게 생각하는 것이 좋아요."

"그래, 가인이가 좀 엉뚱하긴 하지. 결론적으로 가인이의 초등학교 때 꿈은 중학생인 지금까지 계속되고, 주변 사람들도 네가 과학자가 될 수 있다는 것을 어느 정도는 인정하는 셈이구나. 혹시 과학자가 되기 위해 평소에 노력하고 게 있니?"

"따로 노력하는 것은 없고요. 아빠가 자주 책을 사다 주시는데 참 신기한 것들이 많아요. 그래서 과학과 관련된 책을 많이 읽고 있는 것 같아요. 심지어 시험기간에도 시험공부하는 대신 책을 읽어서 엄마한테 가끔 꾸지람을 듣기도 해요."

"초등학교 때도 과학자가 되는 게 꿈이었고 중학교에 올라와서도 꿈이 과학자인데, 혹시 초등학교 때와 비교해서 달라진 것이 있니?"

"음, 초등학교 때는 그냥 과학자가 돼서 우주인에 도전하는 게 꿈이었어요. 오직 우주선을 타고 지구 밖으로 날아간다는 꿈을 꾸었어요. 그런데 중학교에 올라와서 이소연 언니에게 관심을 가지는 정도가 조금 달라졌어요. 첫째는, 이소연 언니는 왜 시집을 가지 않을까? 우주인은 결혼하지 못하는 걸까 하고 궁금하게 생각했고요. 우주인이 직업이라면 월급을 받을 텐데 월급은 얼마나 되는지 궁금했어요. 그리고 우주에 갔다 와서는 뭘 하는지 궁금해요. 그러니까 초등학교 때는 그냥 우주선 타고 우주를 날아다니는 꿈을 꾸었다면, 지금은 꿈보다는 뭐든지 궁금하게 생각하는 것 같아요."

"그래 그 궁금해하는 것에서 답은 얻었니? 나도 이소연 언니가 왜 시집을 안 가는지는 궁금하구나."

"조금은 알 것 같은데 뭐가 답이라고 말할 수는 없는 것 같아요."

"그런데 중학교에 와서 네 꿈을 지속하기 위해 특별히 하는 활동은 있니?"

"아뇨. 우리 학교에는 우주인과 관련된 동아리도 없고 우주소년단은 왠지 초등학생들만 있는 것 같아서, 예원이하고 같이 그냥 기타반에서 기타를 배우고 있어요."

"선생님! 가인이처럼 뚜렷한 꿈을 가지려면 어떻게 하면 되나요?"

"예원이가 참 좋은 질문을 했구나. 꿈이 있는 사람과 꿈이 없는 사람의 차이는 무척 크다는 것은 잘 알 거야. 하지만 대부분의 친구들이 예원이처럼 초등학교 때는 막연하게 꿈을 가져 보지만 막상 중학생이 되면 그 꿈은 이루어질 수 없는 것이라는 것을 깨닫고 꿈을 바꾸거나 꿈을 찾지 못하는 경우가 많단다. 꿈을 이루기 위해서는 먼저 꿈이 있어야 하고, 꿈이 있어야 목표를 세울 수 있는 것이지. 지난번에 우리가 목표에 대해 이야기했었지. 목표는 다르게 표현한다면 마감 시간이 정해진 꿈이라고 할 수 있어. 꿈을 언제까지 이루겠다고 정하면 결국 목표가 되는 것이지. 그렇기 때문에 꿈이 있어야 목표도 제대로 세울 수 있고, 그 꿈을 이루기 위해 하루하루를 보람차게 살아갈 수 있는 것이란다."

"정말 꿈이 중요한 것이네요."

"그럼. 꿈을 목표로 바꿀 수 있기 위해서는 꿈이 나에게 어울려야 하는 것이야. 그러기 위해서는 먼저 나는 누구인지를 알아야 하지."

"저는 가인이인데, 뭘 또 더 알아야 한다는 거죠?"

"여기서 나를 알아야 한다는 것은 이름과 사는 곳 등을 알아야 하는 것이 아니라 먼저 나는 무엇을 잘하는지, 무엇을 재미있어 하는지, 어떤 경우에 편한지, 어떤 것이 중요한지를 알아야 한다는 거야. 무엇을 잘하는지는 적성이나 소질이라고 해. 무엇을 좋아하는지는 흥미라고 하지. 그리고 어떤 경우에 편한가는 성격이나 성향이라고 해. 마지막으로 무엇이 중요한지는 가치관이라고 해. 그래서 이 4가지를 알면 나에게 어울리는 꿈을 꿀 수 있게 되는 거야."

"아, 그래서 제가 아직까지 꿈을 찾지 못하는 거군요."

"그렇다고 할 수 있지. 예원이가 뭘 잘한다는 것 하나만 알아도 잘하는 것을 바탕으로 어떤 동아리 활동이나 방과후 활동에 참여하게 될 것인지를 알 수 있고, 무엇이 중요한지를 알게 된다면 어떤 봉사 활동을 하고 왜 그 봉사 활동을 하게 되었는지를 쉽게 말할 수 있지 않겠니?"

"아, 그렇군요. 창의적 체험 활동을 하기 전에 선생님께서 왜 꿈에 대해 먼저 말씀하시는지를 이제 알 것 같아요. 어떻게 하면 4가지를 알 수 있는 것이죠?"

"일단 오늘은 꿈이 중요하다는 사실만 알고 다음번에 자세히 이야기하자꾸나. 맛있는 음식도 한꺼번에 많이 먹으면 체하는 법이니까."

"네~. 에듀팟 도사가 되는 길이 쉽지는 않네요."

★ **나만의 경험**

창의적 체험 활동은 말 그대로 체험 활동을 통해서 학생들의 능력을 평가하는 것이고, 체험을 강조하고 있다. 체험을 강조한다는 말은 경험과 활동이 중심이 되어야 하고, 그런 실천을 통해 학습을 강조하는 셈이다. 쉽게 말해서 체험은 경험 없이 될 수 있는 게 없다고 말할 수 있다. 즉, 체험은 내가 직접적으로나 간접적으로 활동한 경험을 뜻하는 것이다.

이런 체험은 학교에서 친구들과 같이 어울려서 함께 경험하는 것이 있을 수 있고, 스스로 적극적으로 활동하여 자신만의 체험을 할 수도 있다. 친구들과 어울려 경험한 것들도 자신의 이야기로 만들어 기록해야 하고, 자신이 적극적으로 참여하고 활동한 것들을 통해 어떤 느낌을 얻었고 성장하는 데 어떤 영향을 주었는지를 말할 수 있어야 한다.

창의적 체험 활동에서 적극적으로 체험하면서 체험현장에서 배울 수 있는 것은 무엇이고, 이를 통해 자신에게 어떤 지식과 어떤 지혜를 가져다주었는지를 알아봐야 한다. 또한 체험현장에서 자신이 할 수 있는 것은 무엇이며, 앞으로 성장하면서 해야 할 것은 무엇인지를 알아보는 것도 중요하다.

창의적 체험 활동을 강조하는 이유는 책이나 동영상 등과 같은 간적적인 경험을 통해 아는 것과 직접 현장에서 경험을 하면서 알게 되는 것의 차이가 줄어들 수 있도록 하는 것이다. 단지 교실에서 지식으로 배우는 것을 넘어 직접 행동으로 실천해 봄으로써 자신의 능력을 발견할 수 있는 기회를 가질 수 있고, 자신만의 독특한 해결 방식을 찾아낼 수 있는 기회를 마련할 수 있기 때문에 창의적 체험 활동이 중요하다고 할 수 있다.

시간표에 있는 또 하나의 교과 과목처럼 시키는 대로 그저 따라가고 끌려가는 마음으로 창의적 체험 활동을 하게 된다면 체험은 자신의 경험이 되는 것이 아니라 다른 친구들의 경험이 되고 마는 것이다. 자기 자신이 경험하는 것이 아니라 그냥 구경꾼에 불과한 셈이다. 다양한 부분의 체험 활동이 친구들이나 학교 전체의 친구들과 함께 참여하는 프로그램으로 진행될 것이다. 그런 체험 활동을 통해 실제 생활에서의 경험이 몸에 익숙해지도록 하고, 경험을 통해 알게 된 지식이 지식으로 그치는 것이 아니라 스스로 할 수 있는 것으로 발전될 수 있도록 노력해야 한다.

아는 것을 할 수 있는 것으로 바꿀 수 있도록 하는 것이 창의적 체험 활동의 주요한 목적이기도 하지만 또 한 가지 중요한 것이 있다. 단순히 경험만으로 끝나는 것이 아니라 경험을 평가한다는 것이다. 경험을 어떻게 평가할까? 시험을 치르는 것은 아니다. 바로 기록된 것을 보고 평가하는 것이다. 따라서 창의적 체험 활동을 경험하면서 적극적으로 활동에 참여하는 것도 중요하지만 어떻게 기록으로 남길 것인지를 염두에 두는 것도 중요하다는 것을 명심해야 한다.

똑같은 물건이라도 어떤 방법으로 가공을 하고 어떤 포장지로 포장을 하느냐에 따라 값진 것이 될 수도 있고 그저 평범한 물건이 될 수도 있다. 그래서 자기만의 경험이 자신의 이야기가 될 수 있게 꾸며 보는 기술이 필요하다. 일단 먼저 알아야 하는 것이 바로 이야기, 즉 스토리이다.

스토리는 뭘까? 스토리 하면 무엇이 떠오르는가? 유치원에 다닐 때 선생님으로부터 들었던 구연동화가 떠오르는가? 아니면 초등학교 다닐 때 읽었던 해리포터 이야기가 떠오르는가? 아니면 중학교 때 열심히 읽었던 하이틴 소설이 떠오르는가? 친구들과 수다를 떨 때면 "재미있는 이야기 좀 해 봐.", "그 영화는 스토리가 없어"와 같은 말을 했거나 들었던 기억이 날 것이다. 이야기는 말로 하고 글로 표현하는 것이기 때문에 그런 말들이 나오는 것이다. 하지만 입에서 나오는 말을 다 이야기라 하지 않고 글로 씌어진 모든 것을 다 스토리라고 하지는 않는다.

자신이 경험한 것이 스토리가 되기 위해서는 무엇보다도 사건이 될 수 있어야 하고, 그 사건에는 관련된 인물이나 배경이 뚜렷해야 한다. 자신이 경험한 창의적 체험 활동이 읽는 사람의 흥미와 관심을 끌기 위해서는 단순하게 사건보고서처럼 사실을 그대로 기록하는 것이 아니라 그 사건을 바탕으로 다른 사람에게 감동이나 느낌을 줄 수 있어야 하는 것이다. 꾸며낸 소설이 되어서는 안 되지만 그저 무미건조한 보고서가 되어서도 곤란한 것이다. 창의적 체험 활동은 앞에서도 밝혔지만 경험으로 끝내는 것이 아니라 기록으로 남겨야 한다.

기록으로 남긴다는 것은 그 기록을 읽어 볼 사람이 있다는 말이다. 과연 창의적 체험 활동의 기록은 누가 읽기를 바라고 적어야 할까? 바로 그것이다. 자신이 읽을 것이 아니라 입학사정관들이 읽는다는 것이다. 따라서 창의적 체험 활동을 기록할 때는 읽는 사람, 입학사정관의 입장에서 글을 쓸 수 있어야 한다.

입학사정관들이 읽을 것이라는 전제 아래 창의적 체험 활동을 기록해야 된다면 가장 중요한 것은 무엇일까? 바로 흥미와 관심을 끌 수 있어야 한다는 것이다. 수많은 학생들의 기록을 읽게 될 입학사정관들은 한두 줄만 읽어 봐도 내용을 짐작할 수 있고, 비록 온갖 정성을 기울여 기록했다 하더라도 읽는 사람이 정성스럽게 읽지 않는다면 아무 소용이 없다. 따라서 자기만의 경험을 스토리로 만들어서 흥미를 갖게 하고 무엇인가 감동을 줄 수 있어야 한다.

관심을 끌 수 있는 스토리가 되기 위해서는 우선 스토리의 구성 요건을 갖추어야 한다. 스토리의 구성요건이란 사건과 인물, 그리고 시간과 장소를 나타내는 배경이 있어야 한다는 것이다. 이런 구성요소를 바탕으로 경험한 사실을 읽는 사람의 관심을 끌 수 있도록 잘 꾸며야 한다.

자신의 창의적 체험 활동 기록을 읽을 사람에게 흥미를 던져 주는 첫 번째 방법은 각각의 창의적 체험 활동에 눈길을 끌 수 있는 제목을 만들어 보는 것이다. '재활원 봉사 활동'이라는 봉사 활동을 가지고 예를 들어 보자. 우선 관심을 끌 수 있는 제목은 자신이 살고 있는 지역의 이름을 활용하는 것이 좋다. 그래야 자신만의 스토리가 될 수 있는 것이다.

두 번째는 제목에 구체적인 숫자를 넣어 주면 된다. 시간 단위로 나눈다면 좀 더 작은 단위를 사용하면 더욱 좋다. 마지막으로 사용된 어휘가 함축적인 의미를 가졌거나 은유적인 표현이 된다면 훨씬 관심을 끌 수 있다.

그럼 위에서 예를 든 '재활원 봉사 활동'을 다시 눈에 띄는 제목으로 바꿔 볼까? 단순하게 재활원이라고 하는 것보다 지명을 넣어 주면 좋다. '소롯골 재활원'이나 'NRC국립재활원'이라고 실제 이름을 붙이는 것이다. 두 번째는 봉사 활동의 구체적인 예를 들어 주는 것이다. '지체부자유 장애우'처럼 말이다. 그리고 시간과 은유적 의미를 더해서 'NRC국립재활원에서 지체부자유 장애우와 44시간의 동행'처럼 제목을 붙이면 된다. 어떤가? 단순하게 재활원에서 봉사 활동을 했다는 것보다 왜 44시간인지, 동행이란 무슨 일을 같이 한 것인지 궁금하지 않은가? 관심을 끄는 첫 번째 방법은 바로 좋은 제목을 만드는 것이다.

두 번째로 관심을 끌 수 있는 스토리로 만들기 위해서는 문장을 짧게 쓰고, 단락을 만들어 주는 것이다. 문장이 길어지면 읽는 사람 입장에서 보면 무슨 말을 하고자 하는지를 쉽게 알 수 없게 된다. 많은 글을 읽어야 하는 사람 입장에서는 짧고 쉬운 문장이 눈에 쉽게 들어오는 법이다. 읽는 사람을 배려하는 마음으로 글을 쓴다면 그 마음이 그대로 전달될 수 있는 것이다. 또한 체험 활동의 내용을 기록하는 데는 분량의 제한이 없는데, 글을 너무 짧게 쓰는 것도 좋은 이미지를 심어 주기 힘들고 너무 길어도 읽기가 어렵다. 그래서 가능하면 한 단락을 5~6줄 정도로 맞추는 것이 좋다. 5~6줄 정도가 읽는 사람에게 부담을 덜 준다는 연구결과도 있다.

마지막으로 중요한 것은, 진심을 담아서 기록해야 한다는 것이다. 바로 자신 앞에 읽는 사람이 있다고 생각하고 입가에 미소를 머금고 글을 쓴다면 분명 그 마음이 전달될 것이다. 자신만의 창의적 체험 활동이 자신만의 스토리라고 느껴질 때 감동이 일어나게 된다. 지금 당장은 어려워도 쌓여 가는 경험들을 이야기 주머니에 담고 술술 재미나게 풀어 가면 될 것이다. 비록 자신의 이야기가 전파나 지면을 통해 알려지시 않았지만 자기의 꿈을 이뤄 가기 위해 자신의 잠재된 능력을 보이는 과정은 소중한 틀에 담아야 한다.

선택과 집중의 성공학,
진짜 나를 위한 인생을 펼쳐라

다시 출발점으로 돌아가자. 이제까지 남의 이야기들을 읽었다. 이제부터는 나의 이야기를 담아야 한다. 담아야 할 그릇은 준비되어 있지만 정작 담을 내용이 준비되어 있지 않다. 나의 꿈을 이루기 위해 필요한 것은 무엇일까? 먼저 꿈을 꾸어야 한다. 꿈을 꾸어야 한다면 무슨 꿈을 꾸어야 할까? 잠을 자면서 꾸는 꿈이 아니라 이 세상에 내가 남길 흔적을 말하는 것이다. 꿈을 꾸기 전에 꿔야 할 꿈을 정하는 것이 중요하다. 하지만 가장 어려운 것이 어떤 꿈을 꾸느냐를 결정하는 것이다.

눈을 감고 잠을 자면 꾸는 꿈이라면 얼마나 좋을까? 하지만 인생의 꿈은 그냥 이루어지지 않는다. 먼저 나의 선택이 필요하다. 꿈을 선택하는 것이다. 꿈을 선택하기 전에 반드시 알아야 할 것이 있다. 바로 나 자신이다. 꿈을 이루기 위해서는 자신이 무엇을 잘하는지를 알아야 한다. 자신이 가지고 있는 타고난 능력을 아는 것이 무엇보다 우선이다. 자신의 타고난 강점을 찾았다면 다른 사람들과 구분되는 차별된 능력을 가지고 있는지를 아는 것이 중요하다. 나의 타고난 능력이 다른 사람들과 비교해서 우수하지 않으면 능력을 발휘할 수 있는 기회를 가질 수 없기 때문이다. 자신의 타고난 강점을 찾아 꾸준히 연마하면 충분히 다른 사람들보다 우수한 능력을 발휘할 수 있을 것이다.

선택만큼이나 중요한 것이 집중이다. 집중을 한다는 것은 목표를 정하는 것이다. 푯대를 향해 나아가는 사람은 흔들리지 않는다. 뚜렷한 목표를 가지고 임하면 어떤 것에든지 성취감을 맛볼 수 있다. 우리는 '토끼와 거북의 경주'에 대해 잘 알고 있다. 토끼가 경기에서 진 이유는 무엇일까? 푯대를 보지 않고 거북을 봤기 때문이다. 자신의 목표를 바라보고 가야 하는데 자신의 경쟁자를 보고 달렸기 때문에 경주에서 진 것이다. 뚜렷한 목표를 가지고 최선을 다하면 분명히 성취할 수 있다.

우리 청소년들이 달리고 있는 경기장엔 많은 선수들이 달리고 있다. 많은 선수들 중에서 대표가 될 수 있는 사람은 몇 명 되지 않는다. 하지만 자신의 강점을 바탕 삼아 최선을 다하는 자에게는 반드시 기회가 온다. 여기 여러분의 꿈을 위해 여백을 둔다. 자신의 꿈을 담아 보자.

당신이 국가대표입니다

초판 1쇄 인쇄 | 2012년 7월 2일
초판 1쇄 발행 | 2012년 7월 6일

지은이 | KBS 제작부
펴낸이 | 임인규
펴낸곳 | 동화출판사/문학의 문학

주소 | (413-756)경기도 파주시 교하읍 문발동 509-3 파주출판도시
전화 | (031)955-4961
팩스 | (031)955-4960
등록번호 | 제3-30호(1968. 1. 15)

홈페이지 | www.dhmunhak.com

© 2012 KBS
ISBN 978-89-431-0397-2 (13300)

· 이 책의 판권은 동화출판사에 있습니다.
· 값은 뒷면에 표기되어 있습니다.
· 잘못된 책은 구입하신 서점에서 교환해 드립니다.